AF599887

Fascismo

Definición e historia de una contrarrevolución

Luce Fabbri

Prólogo de Luciano Colla

Colección Herejías, 13

Primera edición: febrero de 2025

Título: *Fascismo. Definición e historia de una contrarrevolución*
Autora: *Luce Fabbri*
Diseño y revisión: *El Salmón*
Maquetación: *Andrés Devesa*
Impreso por: *Kadmos*
ISBN: *978-84-127628-6-0*
Depósito legal: *M-2625-2025*

Para pedidos e insultos:
Ediciones El Salmón
C/Taquígrafo Martí 2, bajo, 03004
contacto@edicioneselsalmon.com

Índice

Nota a la edición

Ni revolucionario, ni socialista, ni anticapitalista: el fascismo fue, desde su mismo comienzo, una *contrarrevolución preventiva*, un movimiento impulsado por las fuerzas burguesas y reaccionarias contra las organizaciones obreras y las conquistas que éstas arrancaban a la democracia. Este fue el diagnóstico de una lúcida mujer testigo de primera mano del nacimiento del partido fascista: Luce Fabbri, hija de anarquistas y anarquista ella misma, una intelectual y escritora sensible, culta, de espíritu generoso y vocación utópica, que en 1929 tuvo que abandonar para siempre Italia junto con su familia, debido a la persecución del gobierno de Mussolini, instalándose en Uruguay.

Allí permanecería el resto de sus días, y en su larga vida, además de ejercer la docencia desde la cátedra universitaria de Literatura italiana, se enrolaría en multitud de proyectos en el movimiento libertario, participando en colectivos, periódicos, jornadas, congresos, etc. Buena parte de su esfuerzo reflexivo lo volcó hacia la historia y el estudio crítico del fascismo, tema al que dedicaría libros, artículos y conferencias.

En este libro hemos recogido tres de estos ensayos. El orden en que los hemos dispuesto no es cronológico, pero lo hemos preferido así. El primero, «Fascismo: definición e historia», data de 1963, y se trata de un libro-folleto publicado por la universidad donde impartía clases en Montevideo, dotado de una visión global y con el valor de la perspectiva del tiempo, casi veinte años después de la caída del fascismo. El segundo procede de su libro *Camisas negras. Estudio crítico-histórico del origen y evolución del fascismo, sus hechos y sus ideas,* obra publicada en Buenos Aires en 1934, que recogía seis conferencias impartidas en esa ciudad un año antes; de ella tomamos el primer capítulo, casi en su totalidad, que servía de marco introductorio al tema. El carácter de denuncia enérgica y urgente ante la expansión que vivía en aquellos días el nazifascismo le otorga un valor extraordinario, como documento contemporáneo a aquellos tiempos inciertos. El tercer y último de los textos es su artículo «Fascismo en el Uruguay», aparecido en la revista *Cuadernos de Marcha* en septiembre de 1971. A principios de ese mes, se había desencadenado una terrible represión, ya que el gobierno había dado al ejército luz verde para que ejerciera las labores de persecución y castigo contra elementos izquierdistas, organizando verdaderos escuadrones de la muerte que provocaron la detención y el asesinato de decenas de ellos, en lo que venía a ser un anticipo de la dictadura militar que acabaría por instaurarse en junio de 1973, posibilidad contra la que Luce Fabbri lanzaba un aviso.

Los análisis de Fabbri no son un mero ejercicio de arqueología política, sino que sirven de poderosa advertencia para nuestra época: unos tiempos en que los autoritarismos de todo signo se asientan en multitud de países, desde el neofascismo de Meloni en Italia al neoliberalismo ultra de Trump en Estados Unidos. La denuncia que contiene este libro sirve por igual para el momento actual: los partidos, líderes y movimientos de extrema derecha no se están rebelando —por mucho que así lo quieran presentar— contra las élites, sino que trabajan en estrecha alianza. Así, frente a la unión del autoritarismo político y del capitalismo ultraliberal *high-tech*, sólo cabe oponer la organización popular que Fabbri siempre articuló en torno a la libertad —entendida como medio y como fin— y a la solidaridad y horizontalidad entre iguales.

***

Queremos mostrar nuestro agradecimiento a la editorial Microutopías, que nos puso sobre la pista de esta autora al publicar en 2019 *Fascismo. Definición e historia*; hemos tomado varias de las notas de su valiosa edición para enriquecer esta obra.

Damos también las gracias al proyecto Anáforas, de la universidad uruguaya UDELAR, que, entre otros muchos autores, ha digitalizado la obra de Luce Fabbri, lo que nos ha permitido cotejar los textos y ahondar en el conocimiento de su figura.

Agradecemos asimismo a la revista *Livertá!* y a Luciano Colla por su amable disposición a incluir en nuestra edición su magnífico texto introductorio a la vida y el pensamiento de Luce Fabbri.

Luce Fabbri (Roma, 25 de julio de 1908 -
Montevideo, 19 de agosto de 2000)

Historia de una mujer libre

Luce Fabbri, una anarquista en un mundo fascista

Luciano Colla*

Es suficiente el olor del poder para corromper.

Luce Fabbri

El terror comenzaba a reinar sobre Italia. El movimiento fascista en auge ya no era un secreto para nadie, y no había quien no hubiese escuchado hablar sobre Benito Mussolini. Ataques en manada en plena calle, incendios

* Luciano Colla es escritor y editor de la revista *Livertá!,* en cuyas páginas se publicó el presente texto, en la edición de julio-agosto de 2018.

a propiedades de opositores o persecuciones a anarquistas y socialistas eran la carta de presentación en sociedad de lo que sería el Partido Nacional Fascista. A la vista de los espectadores que observaban la realidad a través del filtro de las élites conservadoras, parecía ser el mal menor ante el peligro rojo. De este modo, mientras Mussolini y sus Camisas Negras comenzaban a mostrar de a poco sus verdaderas intenciones marchando masivamente hacia Roma, Italia se preparaba para más de dos décadas de una violenta dictadura. Sin embargo, así como para cada regla existe una excepción, ante cada opresión surge también una reacción.

En ese duro contexto, Luce Fabbri nacía y se criaba escuchando y participando de reuniones entre los más grandes teóricos y revolucionarios anarquistas de su época. Su casa fue su escuela y, como recordó más de una vez, uno de sus más grandes maestros fue un «hombre de densa barba» que solía juntarse con su padre para charlar y debatir sobre política. Su nombre: Errico Malatesta.

De pensadora a maestra, de teórica libertaria a luchadora por los derechos de los pueblos humillados, la vida de Luce abarcó tantas aristas como le fue posible. Dedicó sus fuerzas a lo que creyó justo, con convicciones y con la meta firme de intentar hacer de este mundo un lugar mejor. Así, fue abriendo un camino que la vería luchar y gestar una vida de paz y anarquía. Una historia necesaria que vale recordar. Una mujer libre que, antes que nada, dejó que sus actos la definieran.

Todo sobre mi madre y mi padre

Para mediados de 1908, Roma se agitaba. Las turbulencias sociales se iban propagando a lo largo del país y, lejos de quedar exenta, la capital recibía a revolucionarios de todas las ideologías. Se sentía en el aire que, lentamente, se avecinaban tiempos oscuros, de represión y violencia. El 25 de julio, en medio de este álgido contexto que auguraba vertiginosos cambios, nacía Luce Fabbri. Para ese entonces, tanto su padre Luigi Fabbri como su madre Blanca Sbriccoli se encontraban sumamente comprometidos con las luchas populares y las revueltas que día a día se iban expandiendo por Italia.

Educada con un profundo amor por la libertad y una fuerte aversión por el poder y la desigualdad, Luce fue siguiendo instintivamente las huellas que su padre iba dejando. Junto a Errico Malatesta, Luigi publicó varios periódicos libertarios, tanto en Europa como en Sudamérica, y editó más de veinte libros, incluida su célebre obra *Dictadura y Revolución*, en respuesta al libro de Lenin *El Estado y la revolución*.

Desde su niñez, Luce se vería inmersa en los conceptos anarquistas e iría generando una fuerte conexión con los teóricos libertarios con los que se relacionaba Luigi. Cuando le preguntaban por su infancia, decía que, gracias a esta influencia recibida en su temprana educación, se había considerado anarquista desde los diez años. Afirmaba haber tenido siempre presente las palabras que su padre solía decirle: «Piensa con tu cabeza, no pienses con la mía».

Los primeros años de su adolescencia los vivió en la sombría Roma de la década de 1910. Como si se tratara de una paradoja de la vida que la seguiría por siempre, Luce empezaba a comprender esa contradicción directa entre lo que vivía puertas para adentro y lo que la sociedad tenía para ofrecerle.

De la Italia fascista...

Entre 1915 y 1918 Luce vivió en Roma junto a su abuela, con su padre exiliado en Suiza y en medio de una ciudad que se debatía entre reacciones contra el poder y el cada vez más notorio auge de los grupos de extrema derecha. A partir de uno de esos tantos movimientos, en 1922, se consolidaría el fascismo. De la mano de Mussolini, la derecha radicalizada tomó el poder y estableció un régimen dictatorial en el que se realzaban el nacionalismo, un totalitarismo centralizado en el Estado y una fuerte persecución a opositores. Si quedaban dudas, el fascismo se encargaba de despejarlas: «Todo en el Estado, nada fuera del Estado, nada contra el Estado».

Años más tarde, mientras su padre y su madre se encontraban exiliados en París, Luce decidió abandonar Roma y se radicó en Bolonia. Allí pasó parte de su adolescencia y estudió Letras en medio de una ciudad en la que la clase media miraba cada vez con más aceptación las imposiciones de la naciente doctrina. Pero estos nuevos aires de fascismo y terror no iban a amedrentarla y, a la hora de realizar su tesis, optó dedicarla a Élisée Reclus, célebre anarquista francés partícipe de la Primera Internacional.

Dos meses después, cuando llegó el momento de partir de Italia, el Gobierno se negó a otorgarle el pasaporte, ya que la joven se oponía a jurar lealtad al Duce, condición obligatoria entre estudiantes y docentes. De este modo, y luego de que Mussolini afirmase en el Senado: «La constitución ya no existe», Luce no vio más opción que huir clandestinamente cruzando los Alpes.

... a la clandestinidad

Una vez que logró reunirse con su padre y su madre, decidieron que lo mejor sería cruzar el Atlántico. Llegaron a América en 1929, a un Uruguay que aún contaba con los resabios del batllismo. Parecía ser un poco de paz luego de años de violencia y persecuciones. Sobre esto, Luce contaría: «No teníamos documentos; sólo aquellos certificados que otorgaba el Gobierno francés: "Dice llamarse...", documento que sólo lo aceptaba el Uruguay batllista. Por eso no fuimos a Argentina, porque, en un principio, nosotros íbamos a la Argentina, donde estaba la fuente de trabajo de mi padre, el diario *La Protesta*».

Una vez instalada, comenzó a trabajar en sus escritos y a militar dentro del anarquismo. Publicó varias obras, entre ellas una biografía de su padre llamada *Historia de un hombre libre*; *Los anarquistas y la revolución española*; y su célebre *Camisas negras*, a la que ella misma definió como un «estudio histórico del origen y evolución del fascismo, sus hechos y sus ideas». Luego de sortear varias complicaciones, en 1935 logró publicarlo en la Argentina de Agustín Justo y, en Uruguay, bajo la dictadura de Gabriel Terra.

Entre los grupos libertarios con los que se relacionó, encontró una gran cantidad de argentinas y argentinos exiliados luego de la persecución del dictador —y, paradójicamente, admirador de Mussolini— José Félix Uriburu. Gracias a este vínculo, Luce logró viajar varias veces a la Argentina, donde dio charlas y conferencias a trabajadores en distintas provincias.

Del dicho al hecho

Para ese entonces, en el país oriental, el anarquismo debatía sobre los resultados del aún vigente batllismo y sus consecuencias en la lucha. Luce recordaría que su gente le advertía sobre el peligro de estas reinantes ilusiones: «El batllismo, me dijeron, ha adormentado a una parte del anarquismo en este país». Ella, por su parte, sostenía firmemente que «se adormece sólo quien se deja adormecer». Recién años después, confirmaría que los esfuerzos y los trabajos realizados fueron cayendo en una vorágine de corrupción estatal, y nada quedó de aquel sueño.

Dentro de la rama de la pedagogía, Luce sería reconocida como pionera en la enseñanza del griego y del latín, algo que se encontraba relegado a las instituciones religiosas. Durante esos tiempos, transmitió a sus alumnos que «la tendencia a la rebelión y la sed de libertad se aliaban, sin contradicciones, con un carácter esencialmente pacífico, no en el sentido del quietismo, sino en el del respeto celoso por la vida y por la independencia espiritual de los demás, en el sentido del amor por sus semejantes».

Durante casi cincuenta años trabajó en Montevideo como profesora. Entre estudios y obras dedicadas a pensadores como Élisée Reclus, Maquiavelo, Leopardi o Dante, así como a otros autores, escribió y publicó innumerables artículos en revistas del ámbito libertario. En lo que respecta a su vida personal, intentó también ser consecuente con las palabras que pregonaba. Así, puertas para adentro, eligió llevar una vida sencilla y austera que iba de la mano con sus manifestaciones en contra de la acumulación desmedida, los lujos y las ostentaciones que la sociedad fomenta.

El feminismo y la convergencia de esfuerzos

En lo que refiere a las luchas feministas, entendía que el modo en el que se planteaban y llevaban a la práctica podía significar un limitante que no sólo redujera el campo de trabajo, sino también posibilidades de gestación de un cambio social. Creía que era necesaria «una acción libertaria en que coexistiera el papel liberador de la mujer sin seguir la senda violenta abierta por la sociedad masculina». Una acción que pusiera en juego «la tradición histórica milenaria de la mujer, una tradición de cuidado de los hijos, de la comida y de la cosecha, de alimentar y repartir».

Entre sus mensajes solía ser una constante la idea de que la única forma de hacer real un «imposible» era siendo consecuente en la medida de las posibilidades de cada persona, resaltando la importancia del estudio, el compromiso y la difusión. Y, bajo esta misma línea de antiautoritarismo y la no concentración del poder, expresaba: «El socialismo libertario, que, a diferencia de los demás proyectos, no centra su victoria en la conquista del poder, es acaso la única utopía que no ha sido derrotada, en terreno teórico, por los acontecimientos. En la práctica, en lo concreto del acontecer diario, el proyecto anarquista está acostumbrado a las derrotas».

Pasó sus años colaborando con periódicos argentinos como *La Protesta* o *El Libertario*, y también con periódicos españoles e italianos. En 1943 participó de la edición de *Socialismo y Libertad*, una experiencia periodística innovadora de la que formaban parte socialistas, anarquistas y republicanos, como grupo de oposición al fascismo. Luce dijo sobre este proyecto que querían demostrar que «aun pensando distinto, con una preocupación básica común se podía lograr una convergencia de esfuerzos».

Escritos de la memoria y el porvenir

En 1947 publicó *El totalitarismo entre las dos guerras*, obra donde desarrolla aspectos de su visión libertaria de la historia: desde el feudalismo, las guerras, el nacimiento del fascismo hasta la Revolución rusa y la guerra civil española. Como cierre del trabajo, Luce realizó un estudio sobre la genealogía del discurso autoritario y sus formas. De cómo la lógica del poder y su condicionamiento sobre el pueblo atentan contra el bien común. De este modo, llegó a la conclusión de que «detrás de ese vacío, había quien construía. Era la araña totalitaria que, rota la tela, volvía apresuradamente a tejer».

Entre obras a su padre, al anarquista Camillo Berneri, o a Simón Radowitzky, Luce continuó escribiendo, enseñando y dando conferencias hasta el final de sus días. Siempre sosteniendo que la organización social debía ser desde abajo, a partir de la libre asociación de los individuos, desde las asambleas populares hasta en la educación. Este planteo lo expresará en *Una utopía para el siglo* XXI cuando afirma: «El centro crea cierto orden, en apariencia muy sólido y en realidad muy endeble: basta atacarlo para que el orden se convierta en caos. Existe otro orden mucho más vital que se crea desde abajo, por asociación y que subsiste en las otras partes si una parte resulta dañada. Por las mismas razones, es sólo aparente la identificación del orden con el centro y con el poder central».

Ya sobre sus últimos años de vida, se acercó a las nuevas tendencias filosóficas, comprendiendo que la actualidad requiere que los conceptos del ayer busquen adaptar sus formas para lograr abrirse paso dentro de la lógica de los nuevos tiempos. Entre ellos, se interesó por el anarco estructuralismo de Noam Chomsky, el antiarmamentismo y la ecología social, ideas que volcaría en su obra *La libertad entre la historia y la utopía.*

Luce, en sus propias palabras

Poco antes de su muerte, en una entrevista publicada en la revista *Opción Libertaria,* Luce convoca a las nuevas generaciones a continuar buscando alternativas para lograr un cambio. Entiende que la lucha parece ser hoy más compleja, ya que los avances científicos y técnicos están destinados a no fomentar el bienestar para las mayorías. Asimismo, sostiene que la tecnología se encuentra al servicio del capitalismo para acrecentar el control social y para disgregar todo tipo de organización.

Por eso, y en vistas de lo que el futuro le muestra, invita a hacer hincapié en la solidaridad, intentando impulsar proyectos autogestivos para crear nuevos espacios. Afirma también que los tiempos han cambiado y que ameritan una modificación de paradigma en el accionar. Por eso, llama a replantear los métodos de trabajo considerando que, en la actualidad, «no podemos hacer lo que hizo Malatesta en su momento, como por ejemplo, cuando quemaron todos los títulos de propiedad que encontraron en un pueblo».

Sobre el final, advierte: «Me interesa recalcar que no hay contradicción entre justicia y libertad, porque se condicionan mutuamente. Si no hay libertad, no hay justicia y, donde no hay justicia, no hay libertad. Donde no hubo libertad, no existió el socialismo. La palabra no cuenta, hay que ver la realidad. Donde hay salario, no hay socialismo. Donde no hay derecho de huelga, no hay posibilidad de socialismo. La historia del siglo XX ha demostrado que el único socialismo posible es el de la base. Hay que construirlo en la base y defenderlo en la base».

Tras dedicar sus últimos días a desarrollar e investigar el autodidactismo obrero, Luce Fabbri fallecería el día 19 de agosto del año 2000 en la ciudad de Montevideo. Su memoria y su trabajo quedarían como estandarte luego de casi un siglo completo de lucha contra el fascismo y la opresión.

Tres años antes de su muerte, en 1997, Luce habló en un encuentro anarquista en Uruguay. Sobre el final de su discurso, dejó un mensaje que, tal vez, sirva para resumir en pocas palabras quién fue esa mujer que, desde su lugar, intentó hacer del mundo un espacio más justo: «Creo que hay que apuntar a todo lo que nos acerca a los demás, tratando de ser, dentro de la sociedad que queremos cambiar, un factor fermental y creativo, constituyendo, dentro de un mundo cada vez más violento y sombrío, focos, por pequeños que sean, de ajenidad al poder y a la explotación, focos de esa libertad de la conciencia que ninguna opresión puede destruir, y que sirven de puntos de referencia. Nuestra acción en la sociedad es desde adentro y desde abajo...».

Fuentes consultadas

Libertarias en América del Sur, de Cristina Guzzo.
El camino. Hacia un socialismo sin Estado, de Luce Fabbri.
Entrevista a Luce Fabbri, 18 de mayo de 2000. Montevideo, Uruguay.
Revista Garibaldi, año 23, 2008, nota de Carlos Novello.
Sobre El camino. Hacia un socialismo sin Estado, de Raúl Zibechi.

Fascismo: definición e historia de una contrarrevolución

Fascismo: definición e historia

1963

El subtítulo debería ser: definición a través de la historia. En efecto, el fascismo es un fenómeno histórico sin autoconciencia, que ha adquirido coloración distinta según las circunstancias, tanto que puede ser considerado como «una fuerza en busca de una ideología». Esta es una definición insuficiente, sin duda, pero que se acerca mucho al núcleo que queda después de haber descartado lo puramente instrumental y lo contradictorio, y está lejos de ser una fórmula vacía, como veremos. El único camino para verlo es seguir la palabra y la realidad que más o menos le corresponden en su proceso y contexto histórico.

Orígenes

El punto de partida es la guerra de 1914-1918[1]; el lugar de partida es Italia. Claro que hay raíces que van más lejos en el tiempo y hay ecos que rebasan cualquier frontera en el espacio. Pero, cuando nace una palabra, nace siempre una realidad configurada de una cierta nueva manera; siempre hay, en el nacimiento de una palabra, una historia que empieza. Puede haber toda una gama de anticipaciones, que en este caso podemos llamar prefascistas; pero el fascismo propiamente dicho comienza en un salón de la Presidencia del Círculo de los Intereses Industriales y Comerciales, cuyas ventanas daban a la plaza milanesa del Santo Sepulcro, el día 23 de marzo de 1919. Los que participaron en aquella asamblea, abundantemente calificada luego de histórica, recibieron, después del triunfo, el título de *«sansepolcristas»*.

Hay que decir que unos cuantos trataron más tarde de hacer olvidar esa primacía, fruto de una equivocación inicial

1 Pese a que, desde 1887, Italia integraba la Triple Alianza junto con Alemania y el Imperio austrohúngaro, cuando estalla el conflicto en agosto de 1914 no le declara la guerra a la Triple Entente (formada por Inglaterra, Rusia y Francia). En abril de 1915 suscribe el Tratado de Londres, en virtud del cual, a cambio de abandonar la Triple Alianza y entrar en la contienda del lado de la Triple Entente, recibiría los territorios ubicados en la costa del mar Adriático disputados por Italia al Imperio austrohúngaro. Sin embargo, al finalizar el conflicto, no recibe lo prometido. El esfuerzo de guerra sí le lega a este país cuantiosas pérdidas materiales y humanas y una importante crisis económica. Los reclamos territoriales por la «Italia irredenta» y el malestar social de posguerra habrían estado así, según varios autores, en la base del surgimiento del movimiento fascista. *(Salvo indicación contraria, todas las notas son de los editores)*

en que habían caído de buena fe, arrastrados por una demagogia a la vez nacionalista y obrerista, que pudo engañar, sin embargo, sólo a una minoría de intelectuales, mientras el mundo del trabajo tuvo desde el principio una idea clara de la naturaleza conservadora del nuevo movimiento.

Si no todos los sansepolcristas auténticos participaron en los desfiles de rutina durante los veinte años que duró el gobierno fascista, muchísimos fueron –como compensación– los sansepolcristas falsificados, que surgieron en gran número durante el proceso de burocratización del régimen y, en sus tentativas afanosas de anticipar la fecha de su inscripción al partido, llegaban a veces al resultado «óptimo» de quedar registrados en la minoría privilegiada de los fascistas de la primera hora. Naturalmente, ni los auténticos que se fueron enseguida, ni los apócrifos que llegaron mucho después, nos sirven para estudiar el fenómeno fascista más que marginalmente, en la desorientación que lo incuba y en el conformismo que lo acompaña cuando triunfa.

Si la reunión de la plaza del Santo Sepulcro en Milán fue algo así como el bautismo de la nueva corriente, su nacimiento verdadero fue menos localizado en el tiempo, más gradual, y sus primeras manifestaciones se observaron esporádicamente en toda Italia y en forma masiva en la llanura del Po.

Asistí a ese nacimiento, y mis pocos años de entonces, que podrían invalidar mi testimonio, estaban compensados por una ubicación excepcional, tanto desde el punto de vista geográfico, como desde el social y el cultural: Bolonia, la ciudad donde residía, fue considerada siempre el principal centro de irradiación del fascismo y, si con mi padre frecuentaba a la vez los ambientes relacionados con las tres ramas de la enseñanza, con el periodismo, con los partidos de izquierda y con los sindicatos obreros, por mi condición de estudiante de secundaria tenía contacto con las familias de esa pequeña y media burguesía provinciana, cuyos hijos, junto con elementos obreros en paro, formaron los primeros contingentes de «Camisas Negras». Mi material informativo, fijado en mi memoria por un apasionado interés, se renovaba a diario, y a diario era sometido a un proceso de crítica y discusión a todos los niveles. Sentía alrededor de mí mucho odio y mucho amor; se vivía entre malentendidos y se buscaba la verdad. La calle, tumultuosa y exasperada; mi casa, cruce sereno (aunque por momentos dolorido o entusiasta) de corrientes encontradas; las casas de mis compañeros de clase, en su mayoría sumidas en un silencio reticente, rencoroso, despreciativo, que de pronto encontró su grito cuando las primeras «expediciones punitivas[2]» esgrimieron puñales y machetes.

---

2 Las expediciones punitivas, puestas al servicio de los grandes industriales y de los grandes terratenientes, muchas veces organizadas y pagadas por ellos, protegidas por la policía y apoyadas por las fuerzas armadas, no demoraron mucho tiempo en destruir todo lo que había sido pacientemente construido. La derrota era casi siempre fatal. Las huelgas empezaron a disminuir y los propietarios de los medios de producción, vueltos insaciables por las fabulosas ganancias del periodo bélico, aprovecharon la impotencia de los obreros

Mucho odio y mucho amor: odio codicioso del pobre que siente la fuerza del número y quiere sustituir al rico en su prestigio y su bienestar; odio del pequeño rentista empobrecido por la inflación, que quiere defender contra la marea que sube no sólo su renta, sino su mediocre mundo moral –apolítico, algo ascético, temeroso del escándalo– y su pequeña cultura encastillada en los clásicos, amenazada por cualquier audacia filosófica o aun sólo estilística; odio del nuevo rico, especulador de guerra, que no quiere soltar la presa y ostenta su lujo como un cetro o una corona («tiburón», lo llamaban entonces)... Se trataba de un odio tangible, porque estaba ligado a situaciones materiales, y los sociólogos lo podían medir. Por eso sabemos que la guerra lo había agigantado y lo había acostumbrado a pensamientos de muerte.

El amor es más difícil de medir, porque él mismo no mide, ni se dirige a lo medible. Pero lo recuerdo tan concreto e intenso como ese odio; y él también había salido renovado de la guerra: amor de los voluntarios (estudiantes, clase media) que habían muerto en el frente por una mítica patria; amor del que tiró el fusil y fue ejecutado por haber gritado «¡hermano!» al que hablaba otro idioma del

---

para rebajar inmediatamente los salarios. Luce comenta que las primeras escuadras de las expediciones punitivas, conscientes de su misión, les tenían un verdadero horror a los libros. Querían eliminar cualquier causa que llevara al deseo de independencia o revolución de los obreros del campo y de la ciudad, y por eso eliminaban la sed por la cultura.

otro lado de las trincheras; amor de los desertores, de los inválidos que habían luchado contra la guerra y habían ido a la cárcel para que no murieran los demás; amor de los que se indignaban por la injusticia, que denunciaban a los parásitos y, trabajadores manuales o intelectuales, organizaban huelgas y preparaban una revolución que no llegó. Este amor, a veces, por haber sufrido la guerra, se parecía al odio; pero quien pasaba suficientemente cerca (yo pasé muy cerca con mis once años) lo reconocía. Hay documentos de ese amor que ignoran los sociólogos: por ejemplo, las cartas que escribían desde el frente muchos que murieron en la guerra y que Adolfo Omodeo, un filósofo amigo de Croce, recogió y publicó con piadosa reverencia[3]. Hay otros, estudiados sí, pero no plenamente valorizados, como los fríos registros de la gigantesca cooperativa de consumo que el municipio socialista de Bolonia[4] organizó durante la guerra para alimentar correctamente a la población y que, en la posguerra, en relación con las cooperativas agrícolas de Molinella, iba eliminando el comercio privado, perfilándose como pacífico instrumento de transición en medio de

---

3 *Momenti della vita di guerra. Dai diari e dalle lettere dei caduti*, Gaspari, 2016.

4 La autora se refiere al contexto boloñés de la Primera Guerra Mundial, donde el municipio creó instrumentos para la venta de productos –como uva, pan, leche, arroz y verduras– a bajo precio. Modelos comunales y asociativos surgieron como iniciativa local de las personas, que comenzaron a realizar intercambios directos no monetarizados. La medida, generada a partir de una experiencia colectiva y de clase entre los trabajadores, salvó a la ciudad del hambre crónica y pospuso el racionamiento de alimentos por varios meses.

la crisis cada vez más violenta. (Se hacían canciones en que figuraba el «pan del alcalde»: los dueños de los grandes almacenes apretaban los puños y los terratenientes estaban llenos de rencor...).

Más episodios de ese amor: la llegada a Bolonia de los niños de Viena, víctimas inocentes de la honda crisis económica provocada en Austria por la pérdida de la guerra, acogidos por la ciudad y las familias, mientras los suyos —allá— se recuperaban; la estrategia intuitiva de esas mujeres que se tendían en los rieles para que no llegaran a los puertos de embarque las tropas que el gobierno italiano enviaba a Albania, a reforzar una ocupación que por esa misma resistencia tuvo luego que abandonar... Hablo de lo que conozco directamente o casi, porque el aire, ya entonces, estaba lleno de consignas que, simplificando, desfiguraban, y en la pasión, odio y amor, interés egoísta y abnegación, se confundían, como siempre en los momentos incandescentes de la historia.

El problema central —que era el del socialismo y sus relaciones con la vida institucional europea que tenía en la Revolución francesa su punto de partida— se había planteado en todos sus términos ya antes de 1914; pero la guerra y la Revolución rusa, aún no sedimentadas, habían exasperado las polarizaciones y, a la vez, enturbiado la atmósfera. Sólo más tarde, vistas a cierta distancia y a través de sus primeras consecuencias, realizaron una acción esclarecedora.

Violencia y espíritu de clase

Pero uno de los frutos de la guerra se vio inmediatamente y no necesitaba ser explicado, pues su carácter primario y casi biológico lo hacía inmediatamente comprensible: el tigre dormido en cada ser había sido despertado y entrenado para matar; había matado y había recibido por ello embriagadoras ovaciones. Se trataba ahora, pues, de un tigre despierto y cebado.

El rasgo más inmediatamente visible en el fascismo anterior a la «Marcha sobre Roma[5]» y que, sin ser una definición, apareció como su principal característica diferencial, fue la crueldad impasible y antihumana de sus métodos de lucha. Se le consideró al principio un subproducto de la guerra, más o menos como hoy consideramos la delincuencia infanto-juvenil. El mismo movimiento fascista subrayó esa continuidad al adoptar símbolos (camisa negra, calavera, llamas negras) y armas (el puñal) de unos cuerpos de voluntarios del ejército italiano, organizados durante la contienda, llamados *«gli arditi»*[6], que

---

5 La marcha sobre Roma ocurrió el día 28 de octubre de 1922. Fue una manifestación armada, organizada por el Partido Nacional Fascista, bajo el liderazgo de Benito Mussolini. El evento sirvió como forma para presionar a la monarquía italiana y colocar a Mussolini en el cargo de primer ministro del país, dando inicio al régimen fascista en Italia.

6 Soldados de asalto del ejército italiano en la Primera Guerra Mundial, su nombre deriva del verbo *ardire* (osar), traduciéndose como «los osados». En 1919-20 los ocupantes italianos de la región de Fiume (hoy norte de Croacia),

eran empleados en las empresas bélicas más arriesgadas y, llegada la paz, trataron por un tiempo de mantener su cohesión, incapaces muchos de ellos de readaptarse a la vida normal, después de tanta sangre, tantas promesas y un alejamiento tan prolongado de todo trabajo creador. Se trataba, por otra parte, de elementos ya de por sí anormales, que fueron absorbidos por el fascismo, junto con sus emblemas, en su casi totalidad[7]. Sentirse dueños de vidas ajenas producía en tales elementos una embriaguez sobrehumana, para la cual parecía que valía la pena arriesgar la vida propia y arrojar por la borda el caudal enmohecido de la moral tradicional.

Ayudó a hacer confluir en el «fascismo» los «residuos de guerra» de este tipo el hecho de que la nueva corriente se presentara como un movimiento reivindicador de los valores atribuidos a un conflicto que el pueblo italiano no había querido ni sentido, y que tratara de sembrar entre las esperanzas de un socialismo que grandes multitudes deseaban inminente, las amarguras de una victoria inútil, de una paz perdida.

---

al mando de Gabriele D'Annunzio, se dieron a sí mismos ese mismo nombre.

7 Existió no obstante una escisión antifascista, los *Arditi del Popolo,* fundada en 1921 para combatir a los escuadrones fascistas. Estuvo compuesta por militantes de toda la izquierda, aunque sólo recibieron apoyo explícito de organizaciones anarquistas, no así de los partidos socialista y comunista. Llegaron a contar con veinte mil miembros.

Cuando esos mismos métodos inhumanos siguieron siendo empleados, a partir de octubre de 1922, por el fascismo hecho gobierno, muchos, que habían acompañado al movimiento llevados por un patriotismo de tipo tradicional, y habían transigido con sus métodos en la esperanza de que el sadismo degradante de las expediciones punitivas no fuera más que una consecuencia transitoria de la guerra, se dieron cuenta de que la utilización de la delincuencia desatada por la contienda no tenía nada de circunstancial ni de transitorio, sino que obedecía a causas profundas y respondía a rasgos sustanciales del fenómeno.

El hecho notable, y que no he visto verificarse después, en las derivaciones que el triunfo fascista tuvo en otros países (pienso, como ejemplo, en el peronismo argentino), es que, si los intelectuales se engañaron al tratar de definir el fascismo y juzgaron como esenciales rasgos secundarios, variables o aparentes, los obreros industriales y los campesinos captaron inmediatamente, aunque a veces en forma elemental y esquemática, su núcleo sustancial, al considerarlo un movimiento conservador al servicio de las patronales, y fundamentalmente antisocialista. Había sí, también en este juicio corriente en los medios obreros, algo que correspondía a aspectos transitorios, que el aparato del partido, hecho gobierno, se encargó de eliminar más tarde, en un mundo cambiado. Pero esas mismas adaptaciones posteriores demostraron cuánto más cerca de la verdad estaban los que habían visto inmediatamente en los Camisas Negras, a los enemigos de las cooperativas, de los sindicatos, de las autonomías municipales y, en general, del socialismo, que aquellos estudiantes borrachos de «gloriosas tradiciones», aquellos sindicalistas sorelianos[8], aquellos republicanos y anticlericales, que creyeron en los sucesivos programas que el fascismo estructuró, proclamó y agitó como banderas, antes de llegar al poder.

En efecto, si los programas variaban en cada congreso y al azar de los acontecimientos, los hechos en cambio hablaban un lenguaje muy claro y seguían una línea sencilla y constante. El fascismo fue esencialmente el producto de un miedo feroz de todos los que gozaban de una situación más o menos estable -no relacionada totalmente con un trabajo productivo, o de un prestigio basado en una escala tradicional de valores- frente a la incógnita de una revolución que parecía inevitable. El pueblo, en la calle, borracho de una esperanza vaga, cantaba «¡Queremos hacer la Revolución! ¡Viva el socialismo y la libertad!». Y el fascismo surgió contra el socialismo y la libertad, surgió como «contrarrevolución preventiva[9]». A la hoz y el martillo, el fascismo opuso el machete y la calavera, en consciente desafío. Su emblema

---

8 Se refiere a los sindicalistas revolucionarios seguidores de las ideas del francés Georges Sorel (1847-1922).

9 *Contrarrevolución preventiva* es el título del libro sobre el fascismo escrito por el padre de la autora, Luigi Fabbri, publicado en Bolonia en 1921. Los pensamientos de Luigi y de Luce son complementarios y provienen de un mismo núcleo anarquista. En *Contrarrevolución preventiva* Luigi Fabbri es categórico: «El fascismo corresponde a la necesidad de defender a las clases dominantes».

oficial, más refinado, era el haz lictorio[10] romano, símbolo de autoridad, vinculado a la vez con la tradición revolucionaria siciliana (había habido unos *«fascios»* proletarios en la breve historia de la isla después de su incorporación al Reino de Italia) y con los recuerdos del imperialismo antiguo. El mito de Roma, tan ambiguo, que ya en la Edad Media podía ser utilizado a la vez por Federico Barbarroja en sentido absolutista y por las comunas que combatían contra él en el sentido de las autonomías municipales y de la democracia directa, fue ampliamente usado para atraerse al sector juvenil, generalmente nacionalista, provenientes de la clase media culta y para su exportación. La valorización de la victoria en terreno internacional estaba basada en un supuesto carácter latino del Mediterráneo (*«mare nostrum»*) que no carecía de seducción para las derechas españolas y francesas; y para esa idea-fuerza, que podía ser aprovechada tanto en sentido monárquico como republicano, el haz *lictorio* pareció el signo más adecuado. Con él se hicieron las escarapelas (vulgarmente llamadas «chinches») que distinguían a los miembros civiles del partido. Pero los Camisas Negras que formaban las bandas irregulares fascistas, oficializadas después de 1922 con el nombre de «Milicia Voluntaria para la seguridad nacional», usaban la escarapela con la calavera. Sus cantos, profundamente

10 *Lictorio* proviene de lictor, funcionario que precedía y escoltaba a los magistrados de la antigua Roma. Al momento de ejecutar la justicia llevaba un hacha envuelta por un haz (en latín *fascis*) de varas.

grabados en la memoria de los italianos que tienen mi edad, junto con el ruido seco de los tiros y los gritos de los apaleados, no mencionaban a Roma eterna, sino que eran de este tipo:

¡A las armas,
a las armas! Somos fascistas.
Palos a los socialistas,
y, para emparejar,
palos a los populares,
y, como complemento,
palos al parlamento.
Palos,
palos, siempre palos,
palos, palos, palos,
palos en cantidad!

Los populares constituían el partido católico, no precisamente de izquierda, pero algo molesto para los grandes terratenientes, industriales y comerciantes del Norte, por disponer de importantes fuerzas sindicales y de muchas cooperativas.

El más serio de los historiadores fascistas, Gioacchino Volpe, en su *Historia del movimiento fascista*, cuya segunda edición se publicó en Italia, pero en francés, a finales de 1934, no puede negar este carácter clasista del fenómeno, por él no imparcialmente estudiado, aunque pasa sobre ese aspecto como sobre ascuas. Dice, por ejemplo, a propósito de las elecciones de mayo de 1921, a las cuales el Partido Fascista se presentó formando bloque con las fuerzas conservadoras tradicionales:

> La lucha electoral fue muy agitada. Muchas sedes sindicales fueron devastadas. El comité fascista central opuso a las violencias antifascistas la orden de ejercer represalias inmediatas e inexorables, aunque Mussolini dos meses antes había expresado su deseo de una tregua. Mussolini tuvo entonces la impresión de que los fascistas habían rebasado el límite. En realidad, en las provincias, los jóvenes de los Grupos de acción [en italiano *Squadre d'azione*, de donde el nombre de *squadristi* para los Camisas Negras *(N. de la A.)*] estaban absorbidos por la lucha y, por otra parte, se podía observar el influjo que sobre ellos ejercían ciertos elementos de la sociedad, interesados en destruir para siempre, no sólo el partido socialista, sino también la organización económica que en él se apoyaba. Es claro que el abismo existente entre los fascistas por un lado y por otro los socialistas y la misma Confederación General del Trabajo, no hizo sino ahondarse.

Se trata, como es natural, de una visión de los hechos presentada muchos años después, cuando esos «Grupos de acción» habían sido legalizados, por un historiador conformista, cuya mayor preocupación era justificar, desde su propio punto de vista, al jefe todopoderoso. En mayo de 1921, esos «elementos de la sociedad interesados en destruir al partido socialista» de los que el historiador Gioacchino Volpe habla un tanto al pasar, eran o parecían ser los verdaderos dueños de la situación: corrían con los gastos y consideraban a los Grupos fascistas de acción como instrumentos a su exclusivo servicio, empleándolos en: incendiar cooperativas, que moderaban las ganancias (suculentas en una posguerra «normal») del comercio privado; destruir locales sindicales; matar a organizadores obreros y apalear a huelguistas.

Este tipo de acción violenta, a menudo sádica, orientada contra las realizaciones de la clase obrera y contra los intelectuales considerados de izquierda, constituía lo único concreto y materialmente visible del movimiento fascista, a través de sus continuos cambios de ideología. Y es aún allí, en esos hechos siniestros, iluminados por toda la experiencia posterior, donde hay que buscar hoy la sustancia y la definición del fascismo.

De la plaza del Santo Sepulcro al totalitarismo

Con un conflicto que el 21 de noviembre de 1920 estalló en Bolonia entre socialistas (vencedores de las elecciones municipales) y fascistas (decididos a impedir la instalación del nuevo Consejo), el terror, ya habitual en las calles, empieza a adquirir un carácter sistemático y planificado. Domenico

Saudino, en su libro *Génesis del fascismo*[11], observa que, durante ese año de 1920, la acción de los Camisas Negras, que, en el año anterior, había tenido un carácter esencialmente político, dirigiéndose contra el socialismo como partido, se orientó en cambio hacia la destrucción de los organismos económicos creados para la defensa de los explotados (sindicatos, ligas campesinas, cooperativas) y aptos para preparar el cambio que parecía inminente.

No creo que haya habido un viraje en sentido clasista, como piensa Saudino; creo que, desde el comienzo, el fascismo tuvo ese carácter clasista. Sus adversarios directos lo reconocieron y los fascistas mismos, si eran miembros de los «grupos de acción», lo sentían. Se injertaron, por otra parte, en una lucha que estaba ya planteada, llevando a ella unos eslóganes cambiantes y un método inédito de violencia brutal y fría, empleada como instrumento y sólo por añadidura como placer, siendo fruto, no de una pasión, sino de un miedo y de un cálculo. Esto es lo que distingue esta violencia represiva de la violencia revolucionaria, apasionada, a menudo ciega, a veces injusta, pero que quiere construir, se dirige hacia el porvenir y es impulsada por el amor a los demás. Esta última puede ser negativa (si se

11 *Sotto il segno del littorio. La Genesi del fascismo*, Chicago, 1933. Domenico Saudino (1888 ó 1889-1964) nació en Drusacco, Piamonte, Italia, hijo de un sastre. Llegó a Estados Unidos en 1912, donde se convirtió en escritor, antifascista, divulgador de ideas socialistas y anticlericales, colaborando durante muchos años con *La Parola del Popolo* (Chicago) e *Il Corriere del Popolo* (San Francisco).

prolonga más allá del momento insurreccional casi siempre lo es), pero no puede ser identificada con la primera. La violencia represiva es hija del miedo de perder lo que se tiene, del odio hacia todos los que suben o quieren subir.

Saudino, en el libro mencionado, cita algunos ejemplos, acompañados por una abundante documentación fotográfica, de esta típica violencia transformada en sistema, con la complicidad de un gobierno que era débil y se creía astuto.

Las bandas fascistas, compuestas por desechos de guerra, individuos en situación de desempleo permanente, jóvenes amorales sedientos de emociones, estudiantes borrachos de nacionalismo y vagos sueños de grandeza y de imperio, estaban acaudilladas por exoficiales y por hijos de terratenientes, industriales y comerciantes.

Estos últimos, es decir los padres, pagaban los gastos y sonreían con complacida indulgencia. Acompañaban esa sonrisa las autoridades locales. Los «muchachos» tenían buenas armas y rápidos medios de locomoción, que les permitían concentrarse y caer en gran número sobre el blanco elegido. Así fueron conquistando Italia, ciudad tras ciudad, aldea tras aldea, en parte antes y en parte después de la «Marcha sobre Roma», que tiene verdadera importancia sólo en la historia institucional, pues no marca ningún cambio radical en el proceso que estamos sintetizando.

El asesinato del organizador de campesinos de Pincara, asaltado en su casa de noche por más de cien fascistas y muerto a la vista de su familia, no es distinto, en esencia, de la ocupación del barrio florentino de San Frediano por fascistas respaldados por la Guardia Real, la infantería, los *carabinieri* y dos tanques, ni de la matanza de Roccastrada (julio de 1921) en la que perecieron nueve personas, entre las cuales un viejo de 68 años muerto en presencia de su hija, ni de los atroces episodios de diciembre de 1922 (dos meses después de la Marcha sobre Roma) en Turín; veamos a modo de ejemplo el relato que hacía Saudino de esta matanza:

> La primera víctima fue un organizador: Carlo Berruti. Arrestado en su casa, se le hizo subir a un coche y se le llevó a las murallas. Allí se le hizo descender. «¡Camina!», ordenaron los asesinos. Seis tiros de revólver y Berruti caía en un lago de sangre. Poco después, el mismo coche se detenía frente a la casa de Cesare Pochettino y de su amigo Zurletti, dos hombres que no militaban en ningún partido, pero que eran conocidos por sus simpatías socialistas. Llevados fuera de la ciudad, fueron alineados al borde de una cuneta, y asesinados a tiros. Mientras tanto, otros grupos llevaban a cabo fríamente idénticos delitos.
>
> Mateo Chiolero, conductor de tranvía, fue sorprendido en la mesa y asesinado por los fascistas en presencia de su esposa y de un hijo pequeño. El ferroviario Anicono fue obligado a levantarse de la cama para salir a la calle, donde fue asesinado. Su esposa y su hijo fueron echados de su casa esa misma noche; los muebles, tirados por la ventana y regados con queroseno, fueron quemados.

De tarde, el núcleo principal de las fuerzas fascistas estaba reunido en torno a la Casa del Pueblo, custodiada por la Guardia Real. Como siempre, ésta recibió orden de retirarse frente a los Camisas Negras, que entraron en el local tirando bombas de mano. Los pocos empleados que a esa hora se encontraban en las oficinas fueron maltratados sin misericordia. Luego, empezó la destrucción. Alimentado por el viento, por bidones de nafta, y por bombas incendiarias, el fuego redujo en poco tiempo el espléndido edificio a un enorme brasero, alrededor del cual los fascistas trenzaban, como atacados de delirio, una danza infernal.

Pietro Ferrero, obrero, secretario de la Sección de los metalúrgicos, llegó al lugar. Reconocido, fue rodeado, golpeado, pisoteado. Se gritaba: «¡Colguémoslo!». Otros aullaban: «¡Tírenlo al fuego!». Hicieron algo peor. El moribundo fue atado por los pies a un camión, arrastrado así por el Corso Vittorio Emanuele, y abandonado al fin a los pies de la estatua del rey. Su cadáver estaba desfigurado hasta tal punto, que ni la hermana ni los amigos lo pudieron reconocer.

La serie de asesinatos de ese oscuro diciembre se cerró con los nombres de: Andre Chiosso, linchado bajo la mirada de la abuela, loca de terror; de Mateo Tarizzo, volteado a tiros de rifle; de Erminio Andreoni, asesinado a la vista de su esposa; de Evasio Becchio, Leone Mazzola, Giovanni Massaro y Angelo Quintagliè, antiguo carabinero, deshecho a puntapiés, a golpes de porra y de pistola por el crimen de haber deplorado el asesinato de Carlo Berruti.

El jefe fascista Piero Brandimarte, en un reportaje publicado en *Il Secolo* del 20 de diciembre de 1922, declaró que él mismo había dado esas órdenes y organizado esos delitos, «para infligir una terrible lección a los revolucionarios de Turín». De una lista de 300 revolucionarios –dijo él– hemos elegido a 24 y se los hemos confiado a nuestros mejores equipos para su punición. Observándosele que la lista oficial de los muertos era sólo de 14, Brandimarte contestó que el Po quizás restituiría los cuerpos de los demás, a menos que se encontraran en algún pozo o barranco, o en los bosques de las colinas de Turín; menos dos que habían conseguido huir.

Inútil decir que ninguno de los responsables de la matanza fue arrestado. Esto no basta: la esposa de Quintagliè, que insistía con las autoridades para el procesamiento de los asesinos de su esposo, fue amenazada por los fascistas y obligada a dejar la ciudad, abandonando un trabajo que le permitía ganarse el pan para sí y para sus hijos.

Se tratan de hechos análogos al asesinato de Matteotti[12], que, llevado a cabo por orden de Mussolini dos años después, se convirtió en un símbolo y resumen de la metodología fascista. La supresión violenta del diputado socialdemócrata

12 Giacomo Matteotti (1885-1924) fue secretario general del Partido Socialista Italiano. En 1924, como diputado representante del mismo partido, denunció en el parlamento la violencia fascista que provocó la falsificación de los resultados de las elecciones de abril de ese año. Poco después, el día 10 de junio, fue asesinado en Roma por un comando criminal.

Giuseppe Di Vagno, en la provincia de Bari en septiembre de 1921, no difiere sustancialmente de la del candidato socialista Antonio Piccinini, llevada a cabo en Reggio Emilia, en febrero de 1924, ni de la de Gaetano Pilati, que tuvo lugar en Florencia en octubre de 1925: el partido dueño ilegal de la calle y el gobierno de partido (que se encaminaba por esa vía a ser gobierno de partido único) se comportaban igual.

Entre uno y otro de estos ejemplos elegidos al azar, el martilleo de la violencia fría, de la crueldad empleada en sí misma como instrumento de intimidación, ha tenido una continuidad aterradora. Mientras existieron penosamente, entre un secuestro por las autoridades y un incendio por los Camisas Negras, algunos diarios y periódicos independientes, en cada uno de sus números se daba noticia, no de uno, sino de numerosos casos de violencias del mismo tipo.

La fecha que marca la legalización más o menos completa de la acción fascista no es la de la toma del poder, sino la del 3 de enero de 1925, día en que Mussolini pronunció el decisivo discurso en que asumía la responsabilidad del asesinato de Matteotti y de los demás episodios de la misma clase que habían jalonado su marcha hacia el poder absoluto. Es la fecha de nacimiento del totalitarismo, cuyo proceso formativo, sin embargo, requirió aún cierto tiempo. El hecho de que la violencia adquiriera un carácter legal y fuera ejercida por la Milicia Voluntaria para la Seguridad Nacional, incorporada a la fuerza pública y equiparada al ejército, o, en terreno jurídico, por un Tribunal Especial, no la hizo disminuir en forma sensible, mientras no fueron creados todos los resortes de un control generalizado de la vida nacional, desde el cierre de las fronteras al restablecimiento de la pena de muerte, desde la nueva Constitución que abolía el sistema representativo y reducía las elecciones a la ratificación de una lista única elaborada por las altas jerarquías del Partido identificado con el Estado, hasta el control de la economía (con tendencia a la nacionalización) a través de las Corporaciones y del Instituto de Reconstrucción Industrial.

Con todas estas medidas y muchísimas más —que requerirían otro estudio sobre el «Totalitarismo fascista» (la palabra es invento de Mussolini)— comienza un segundo periodo de la historia del fascismo, periodo en que la definición clasista del fenómeno entra en crisis, como veremos. Pero, cada vez que acontecimientos internos o externos sacudieron poco o mucho las bases del régimen (guerra de Etiopía, guerra de España, conflictos con la Iglesia, vicisitudes de la Segunda Guerra Mundial, República de Saló), la violencia de los Camisas Negras volvió a desencadenarse sobre Italia con los rasgos ya tradicionales de sadismo frío, acentuado en los últimos tiempos por el ejemplo y la colaboración de las SS alemanas[13].

---

13 Para documentarse acerca de ese aspecto, que, en el fascismo, es mucho más fundamental que en otros movimientos, véanse, además del libro mencionado de Saudino: Gaetano Salvemini: *El terror fascista*, Barcelona, 1931

El fenómeno fascista tiene demasiada importancia para que se pueda reducir su definición a esa clase especial de violencia; pero es también evidente que con esta última deben estar necesariamente relacionadas sus causas profundas.

El periodo anterior a la Marcha sobre Roma y el de los primeros años de gobierno fueron los más ricos en matices y por lo tanto en definiciones distintas y a menudo contradictorias.

Entre estos matices, entre estas características, entre estas definiciones parciales, todas valederas para un momento, un sector o un lugar, hay que distinguir sin embargo lo permanente de lo circunstancial, lo esencialmente real de lo aparente.

En busca de una ideología: nacionalismo y racismo

Es evidente que no importa mucho que el fascismo haya sido republicano, luego monárquico, luego republicano otra vez; que haya sido descreído o católico según los momentos o las regiones; que sus autores predilectos hayan sido sucesivamente Sorel, Nietzsche a través de

---

[1929], y Pietro Nenni: *Ricordi di un socialista: sei anni di guerra civile in Italia*, París, 1929. *(Nota de la autora)*

D'Annunzio, Marinetti, Maquiavelo, William James, Hegel a través de Gentile, De Maistre y, al final, el conde de Gobineau. Gioacchino Volpe, en el libro ya citado *Historia del movimiento fascista*, así lo reconoce:

> En 1922, el Partido Fascista es la fuerza organizada más importante del país. Sus adversarios no cesan de afirmar que el programa fascista tan indeterminado, no es un programa. Estos razonadores sutiles, estos hábiles constructores de ideologías confundieron la filosofía con la vida y olvidaron que pasiones y sentimientos son, a menudo, ideas en formación y, en todo caso, tienen el poder de crear *hechos que expresan en sí mismos algunas ideas*...
>
> [Con el fascismo] se ganó unidad y disciplina, se ganó una confianza de los adeptos en su propia obra, que llegaba casi a ser fe. El fascismo se atribuía, ya no simplemente finalidades, sino una misión [...] y comenzó a tener mitos [...] El Jefe se elevaba cada vez más por sobre la masa de los adeptos [...] Su manera de hablar era una acción, puesto que se apoderaba del alma de sus oyentes y sabía levantarla hasta ese estado emotivo que está cerca de la acción, que es sinónimo de acción. Renegaba de la elocuencia «vacía, palabrera, insustancial» de los demócratas, para atenerse a una oratoria fascista por excelencia, es decir desnuda, áspera, franca y dura: nunca se detenía en detalles, no seguía la crónica diaria, sino que evocaba visiones, indicaba un camino [...] Mantenía en sus adeptos la psicología militar [...] En lugar de discusiones: *creer, combatir,*

> *obedecer*. Difundía alrededor de él una especie de intolerancia, casi de desprecio, por los hombres demasiado sabios, demasiado inteligentes [...].

En páginas anteriores, Volpe había hecho mención del espíritu individualista de Mussolini, que le hacía considerar a las masas con cierto desdén.

En otras palabras, no hay en el fascismo más ideología que un vitalismo bastante vago (la vida no es teoría), que llega a identificarse, a nivel periodístico, con un «historicismo» que no es más que la divinización del hecho consumado. Un partido militarmente organizado, que no tiene programa, sino mitos, no es y no puede ser más que un instrumento de poder. Volpe lo siente, pero no lo dice. Se lo hace decir al mismo Duce, citando su artículo «Relativismo y Fascismo», publicado en el *Popolo d'Italia* el 22 de noviembre de 1921, en el que se menciona a Nietzsche y su *Wille zur Macht*[14] para afirmar que «el fascismo es la más formidable creación de una voluntad de poder individual y nacional».

Aquí nos acercamos al fondo del asunto: voluntad de poder individual y nacional.

Individual, sí: Mussolini se consideraba una encarnación del Príncipe de Maquiavelo y, como tal, se sentía «por encima del bien y del mal». Nacional, ya es distinto. Si hay un fenómeno internacional, éste es el fascismo, que, en

14 Esto es, voluntad de poder.

Italia, para mantenerse como partido, entregó la península a Hitler (como hicieron, por otra parte, los fascistas de los demás países europeos: Austria, Francia, Hungría, Rumania, Yugoslavia, Checoslovaquia, Noruega, etc.). Hemos visto que, en el primer periodo, su carácter más visible es más bien la defensa del capitalismo, que sólo en superficie es fácil de conciliar con la «defensa de la patria». Y sin embargo, en todas partes, el fascismo no solamente logró presentarse como la expresión más cabal de la pasión nacional agresiva y resentida, sino que también consiguió utilizar a grandes contingentes juveniles, fáciles de entusiasmar con esa vaga voluntad colectiva de poder que es el nacionalismo, visto y experimentado en las plazas como afirmación activa, rodeado por un halo de poesía épica, de gloria, de voluptuosa violencia.

En Italia, el movimiento fascista, sacrificando algunas de sus consignas más audaces, se fusionó, antes de llegar al poder, o, mejor, para llegar al poder, con el viejo y conservador Partido Nacionalista, como anteriormente había logrado incorporarse a muchos de los *«arditi»*, de los excombatientes, de los exlegionarios de la expedición de D'Annunzio a Fiume. Todos estos elementos contribuyeron a debilitar el tono «soreliano» del fascismo de la primera época y a intensificar el tono «nacional».

Tuvo que llegar la ocupación alemana para que el fascismo fuera sentido a su vez como «antinacional» y debiera enfrentarse a una resistencia armada que se inspiraba en parte en ideales patrióticos. Y sin embargo, los brotes neofascistas de posguerra vuelven a esgrimir los viejos eslóganes nacionalistas. El nacionalismo, pues, dista mucho de constituir la esencia del fascismo, pero parece ser la más importante de sus ideas-fuerza, de alguna manera relacionada con su esencia verdadera. Sólo el nazismo, que es el único fascismo que haya construido, aunque en forma efímera, el imperio que Mussolini soñaba, encontró el puente entre la patria y el mundo, desplazando el acento del nacionalismo, que sin embargo conservó como bandera, al racismo, más universal en el sentido geográfico de la palabra. También el antisemitismo fue, en las manos de Hitler, un simple instrumento, como la nación o el imperio romano en las manos de Mussolini. Así lo reconoció, por lo menos para el neonazismo actual en Inglaterra y América Latina, el presidente del Congreso Judío Mundial, Israel Sieff, en una conferencia que dictó en Londres en 1962. Pero ambas pasiones, la nacionalista y la racista, que son impulso ciego, irracional, de envidia y odio, están enlazadas íntimamente con las raíces más profundas del nazi-fascismo, esas raíces que rebasan en profundidad el clasismo capitalista, es decir, la tendencia a conservar el capitalismo entendido en su significado tradicional, meramente económico.

Sabemos que los mismos fascistas, al tomar el poder en 1922 en Italia, en nombre de su auténtico antisocialismo, se sintieron abanderados del capital y de la empresa privada, pudiendo aprovechar así, al servicio de su odio de partido, la gran potencia que la reacción antisocialista del capitalismo italiano ponía en sus manos. Pero su espíritu antiliberal y antidemocrático acabó por revelarse más esencial aún que su espíritu antisocialista, con el que, por otra parte, se identificaba. Por su lado, las fuerzas de la burguesía capitalista compartían y apoyaban ambas actitudes, pues usaban el ambiguo término «liberalismo» sólo en su sentido menos valedero, el económico (para el que, sin embargo, se prefiere, en Italia, la palabra *liberismo*), pero pedían, contra las clases desposeídas, una violencia legalizada de tipo absolutista.

Totalitarismo y voluntad de poder en Italia y Alemania

Eso se vio claramente a raíz de la crisis económica que las tentativas deflacionarias del régimen provocaron a partir de 1926, anticipando así, en la península, la gran crisis mundial de 1929.

No se puede decir, naturalmente, en qué proporción los aprietos del gobierno fascista en este terreno contribuyeron al proceso que llevó al régimen a hacerse y autodefinirse totalitario. Vimos antes que la reacción popular producida por el asesinato de Matteotti había sido, ya a principios del año 1925, un factor determinante en el mismo sentido. Pero es indudable que ese proceso se acentuó, especialmente en terreno económico, bajo la presión de la crisis del sistema de precios y salarios, que, al adquirir carácter mundial, contribuyó a su vez a la expansión del fascismo. El nazismo alemán tiene en ese momento su punto de partida cronológico; y eso explica algunas de sus particularidades diferenciales, por ejemplo, sus consignas anticapitalistas, que no impidieron el apoyo que le otorgó el gran capital, no sólo alemán, sino internacional.

El fascismo alemán, pues, con el significativo nombre de nacionalsocialismo, repitió la experiencia italiana en una atmósfera bien distinta: un poderoso ejército derrotado y humillado, un capitalismo acostumbrado a dominar mercados y reducido a la quiebra por el pánico internacional y la presión interna que se sumaban a las consecuencias de la derrota, el complejo de inferioridad que esta última había hecho nacer en las clases dominantes y que se agregaba a su tradicional complejo de superioridad agudizándolo, el desempleo... La República de Weimar había sido una frustración y había demorado el proceso; mientras tanto la Revolución rusa se había estabilizado en un plano absolutista y, en todas partes, los partidos comunistas, que habían crecido al lado de los enormes y burocratizados partidos socialistas, adquirían un inédito carácter estratégico.

Todas estas nuevas realidades, nucleadas por las supervivencias de un gigantesco aparato militar, desarticulado e intoxicado por la guerra perdida y una revolución a medias, pero no destruido, le dieron al nazismo los rasgos típicos que lo diferencian, en superficie, del fascismo italiano.

A pesar de estas diferencias, la naturaleza profunda de los dos fenómenos es la misma: ella consiste en la voluntad de poder de fuerzas sociales que habían dominado por mucho tiempo y se sentían amenazadas de muerte. No teniendo ya resortes propios en una sociedad dislocada por la guerra y en proceso de transformación rápida, desordenada y violenta, estos grupos recurren al terror contra sus adversarios, recurren a lo irracional para granjearse adeptos.

Dije fuerzas sociales y no clases. En efecto, si la clase capitalista está definida por la empresa privada propietaria de los medios de producción y por lo tanto factor determinante de la vida económica de un país, no se puede decir que el nazismo, o el fascismo a partir de 1928, hayan sido en sus manos un simple instrumento. Los capitalistas de todo el mundo lo creyeron así, y contribuyeron a la financiación de ambos movimientos, pero, después de las primeras experiencias, muchos Thyssen[15] hubo en Alemania –como poco antes los había habido en Italia– que, buscando servidores y sicarios, habían encontrado a un amo, para el que los resortes económicos eran armas esencialmente políticas.

---

15 La autora se refiere al industrial Fritz Thyssen, uno de los varios propietarios industriales que financiaron el gobierno nazi alemán. Escribió el libro *Yo pagué a Hitler* (Sevilla, Renacimiento, 2017).

En ese momento se vio claro que, para seguir definiendo al fascismo como fenómeno clasista, había que modificar algo el concepto mismo de clase social, dándole un sentido no exclusivamente económico y rebasando también los caracteres inherentes al «prestigio», que es el otro factor que ahora se tiende a tener en cuenta al lado de la renta, como criterio discriminatorio. (Con esta idea de que el deseo de obtener o conservar el «prestigio social» es un estímulo tan importante para la actividad positiva o negativa del hombre, como la simple ansia de poseer, se ha dado un buen paso hacia la solución del problema que nos preocupa, y de muchos otros, pero sólo un paso).

No creo que se pueda entender hasta su mismo fondo el fascismo, ni ninguno de los grandes acontecimientos de nuestra época, sin ampliar el criterio que se utiliza para la división teórica de los hombres en clases. Si para esta discriminación, nos basamos, no en el nivel de vida sino en el grado de poder, todo se vuelve mucho más simple y claro.

Mientras la división entre explotadores y explotados es difícil de hacer puesto que la mayoría de la población pertenece en alguna medida a ambas categorías (piénsese en el porcentaje de burocracia semiparasitaria que tiene Uruguay por ejemplo), la otra división, que se establece naturalmente entre aquellos que ocupan los puestos clave en la vida colectiva y todos los demás integrantes de la sociedad, queda claro a los ojos del hombre común. Burnham, en su libro *The Managerial Revolution*[16], quiere reducir esta segunda clasificación a la primera —que es la tradicional—, observando que los técnicos de la organización, y no los dueños del capital, son los que, en nuestra época, tienen acceso a la propiedad real. Esto es cierto hoy como, en grandes líneas, era cierto ayer que los dueños de los medios de producción tenían el poder real en sus manos. Pero, ayer como hoy, se hubiera podido decir que quien controla un sector de la producción no es más que uno entre tantos instrumentos de poder y que todos los que detentan este último, aun encontrándose en permanente conflicto recíproco, están ligados por una fundamental solidaridad, que se hace consciente en los momentos en que el resto del conjunto social, que el fascismo llamaba «masa amorfa», se vuelve peligroso para ellos.

Se ha afirmado muchas veces en estos últimos tiempos que el Estado contemporáneo, con todas sus atribuciones correspondientes a organismos ramificados, es en sí una clase social. Y esto es cierto, no sólo en los regímenes totalitarios, sino también en los plutodemocráticos, en los cuales, sin embargo, para que la definición de la clase dominante sea completa, hay que incluir en ella, al lado de los equipos dirigentes de la administración pública (ejército

16 James Burnham, *The Managerial Revolution: What is Happening in the World*, New York, John Day Company, 1941 [En castellano sólo nos consta una edición: *La revolución de los directores*, Ed. Sudamericana, Buenos Aires, 1967, trad. de Atanasio Sánchez].

y policía inclusive), a los de las empresas privadas, de los partidos, iglesias, sindicatos, instituciones deportivas, etc. La discusión que tuvo lugar, hace dos o tres años, en Inglaterra, Francia e Italia[17], acerca de la importancia política de los «aparatos» de los grandes partidos y del influjo que ejercen en sus respectivas líneas de acción, es particularmente esclarecedora para nuestro tema, pues nos hace ver bajo una nueva luz la constante histórica del «conservadurismo» y nos explica mejor esa definición del fascismo como «contrarrevolución preventiva», que va a ser para nosotros, al final, su única definición valedera.

Ya dije que, al principio, el fascismo fue interpretado y se sintió a sí mismo como un movimiento de defensa de la clase económicamente privilegiada. La crisis económica de 1929 —que se anticipó en Italia, como vimos— reveló en él y en el nazismo alemán que a raíz de esa crisis llegó al poder, un carácter profundo más general, del que la defensa del privilegio económico no era más que un aspecto y que se resume en el título de la revista teórica del fascismo italiano: *Jerarquía*[18].

---

17 La autora escribe a principios de la década de 1960; ella se refiere a un encuentro ocurrido en aquella época.

18 Revista teórica fascista publicada en España durante la Guerra Civil. También era escrita como *JERARQVIA*, llevando por subtítulo *Revista Negra de la Falange*. Véase Antonio Duplá Ansuátegui, «La revista falangista *Jerarqvia* y el modelo imperial romano», *Vasconia: Cuadernos de Historia-Geografía*, nº 38, 2012, pp. 813-837.

Contra la tradición democrático-liberal que tuvo su afirmación más enérgica en la Revolución francesa, el fascismo se hace el abanderado del principio de autoridad; su clasismo y su conservadurismo son más políticos que económicos y están dirigidos a defender posiciones, más que posesiones. A través del fascismo de la segunda época y del nazismo, el capitalismo privado se encaminaba a transformarse en un capitalismo de Estado, en manos de la misma clase dirigente en cuyo provecho se había llevado a cabo la guerra del 14, resignada a burocratizarse a un elevado nivel, es decir, a dejarse absorber por el «aparato» del partido único, salido en gran parte de sus propios cuadros y transformado en el esqueleto mismo del Estado.

Como siempre sucede al estudiar un proceso histórico, esta evolución posterior del nazi-fascismo —truncada, acaso sólo aparentemente, por la derrota de 1945— nos ayuda a ver mejor sus comienzos. Ese desesperado conservadurismo, agudizado por el miedo a perderlo todo y por el desprecio a las «masas amorfas e incultas», debía darle a la violencia fascista ese carácter frío e inhumano que aún nos sobrecoge en el recuerdo y que volvemos a encontrar con espanto en sus supervivencias y en sus nuevos brotes posbélicos.

Retener a toda costa el poder cerrándoles a las «masas» el camino para dejar de ser masas, ese fue el programa de la clase dirigente a través del fascismo. Los sindicatos, los ateneos populares, las cooperativas fueron destruidos por el fuego y vieron a sus militantes perseguidos y muertos con saña, más por ser órganos de autoformación y autoconciencia de una «élite» obrera cada vez más extendida, que por amenazar, como amenazaban, el beneficio capitalista. En efecto, después de haberles reprochado, tanto a los partidos socialistas como a la democracia tradicional, la valorización materialista del número, el fascismo impuso al pueblo italiano, sometido por él, una consigna destinada a mantenerlo en la condición de una masa homogénea, que es un instrumento poderoso justamente por su número; es la consigna que los esfuerzos posteriores a la guerra no han conseguido aún borrar de todas las paredes italianas: *creer, obedecer, combatir*.

Inversamente, los sindicatos y los partidos socialistas más burocratizados, donde el individuo y su iniciativa desaparecían, y dominaba una minoría erigida en aparato, fueron los que menos resistieron al fascismo y a veces pasaron a incorporársele de la noche a la mañana, acaso no siempre por debilidad y cobardía de sus dirigentes, como se dijo, sino a menudo también por su deseo de conservar el poder y por el oscuro reconocimiento del papel que el fascismo desempeñaba en la defensa de las jerarquías.

El caso de Alemania es más típico que el de Italia a este respecto, porque el proceso de «masificación» de los organismos sindicales y de los partidos estaba allí más avanzado. No se produjo, en cambio, en España, donde tanto la UGT como la CNT actuaron, frente a las fuerzas fascistas, en 1934 y en el trienio 1936-39, no como masas, sino como conjuntos organizados de individuos con voluntad propia.

La contrarrevolución preventiva

Esto no quiere decir que el planteamiento primitivo, en terreno económico, del problema presentado por el fascismo, no fuera correcto, ya que en la primera etapa las clases económicamente privilegiadas eran las que detentaban el poder y las bandas fascistas que rompían sangrientamente las huelgas eran financiadas por ellas y protegidas más o menos clandestinamente por las «fuerzas del orden» de un gobierno que respondía a sus intereses. Mussolini no volteó ningún gobierno, ni llevó a cabo ninguna revolución, sino que fue llamado por el rey (es cierto que entre las violencias de los Camisas Negras en todo el país, pero sin ningún estado de necesidad) para encabezar el ministerio. Y el poder le fue entregado para que defendiera los valores tradicionales: patria, propiedad, orden, familia, religión, jerarquía, contra la *chusma* que, aprovechando a la vez las oportunidades que ofrecía una democracia aún tímida y el terror que la Revolución rusa difundía entre los privilegiados, marchaba (o creía hacerlo) hacia la conquista de una igualdad auténtica, no sólo jurídica, sino económica, social, cultural.

En ese entonces todos pensábamos que el acento estaba puesto en lo económico; hoy, evocando, después de cuarenta años, mis recuerdos de niña, veo clara la importancia que tenía, no sólo para sus protagonistas, sino también para sus alarmados observadores, el espectáculo de esas bibliotecas nocturnas municipales, llenas de obreros discutidores y estudiosos, que leían libros de historia, de sociología, a veces de filosofía, con la intención de capacitarse, no para abandonar el trabajo manual, sino para realizarlo mejor y, además, para expresarse a sí mismos y entablar el diálogo con ventaja. Ese tipo de ascenso social daba miedo e infundía odio: un miedo y un odio parecido al que experimentan las minorías blancas por las mayorías negras en ciertos Estados de origen colonial. La hostilidad racial, fácil de despertar en un plano irracional, en individuos y grupos débiles que sufren complejos de inferioridad, es, en sus manifestaciones masivas, un simple disfraz del miedo a la igualdad, del miedo a perder posiciones «de poder». En el fondo a la desigualdad y al poder se reduce, muchas veces, el «prestigio social», por lo menos como ilusión.

Ahora que hemos asistido al ciclo completo, cerrado por la derrota en la guerra, sabemos que fascismo y nazismo estaban en el camino que lleva al capitalismo de Estado a través de un absolutismo total, basado en la fuerza pública y el control de la economía, pero extendido a todos los demás terrenos: el cultural, el deportivo, el de la distribución geográfica o laboral de la población, el biológico, etc. Más difícil, por tratarse de un terreno ya sólidamente ocupado, se reveló el absolutismo religioso, que dio lugar a una tensión de carácter permanente en lo profundo y a toda una problemática conflictual de la que, en 1945, no se vislumbraba ninguna solución, ni siquiera teórica. El fascismo italiano trató de emplear a la Iglesia Católica como instrumento y lo consiguió sólo transitoriamente y a un precio muy elevado; el nazismo se esforzó por crear una religión propia, en la que Sigfrido y la sangre germana desempeñaban un papel demasiado vago para imponerse más allá del ámbito del terror. Franco, por tradicionalismo habsburgo-español, ensaya desde hace un cuarto de siglo, con algunos tropiezos, el camino de la adhesión a las altas jerarquías de la iglesia constituida. Perón, cuyo movimiento justicialista[19] constituyó la experiencia más típica, aunque incompleta, de fascismo en nuestra América Latina, empezó como Franco, frente a este problema, y cambió luego varias veces de rumbo, al azar de las circunstancias.

19 Más conocido como peronismo o movimiento justicialista. Existe una vasta bibliografía sobre peronismo, autoritarismo y su construcción hegemónica tanto en el Estado como el sindicalismo. En particular, la perspectiva de Luce Fabbri se encuentra influenciada por la interpretación del sociólogo Gino Germani acerca de la estrecha vinculación entre fascismo y peronismo. La misma se sustenta en otro postulado que la autora toma de él, acerca de la base de apoyo del peronismo. Germani identifica a ésta, entre los «migrantes internos» de Argentina, campesinos devenidos en «obreros nuevos» carentes de toda identificación política y por ende, fácilmente manipulables. No obstante, hay otras interpretaciones que cuestionan la vinculación entre peronismo y fascismo.

Dijimos que al principio el fascismo es una fuerza de poder en busca de una ideología; pero es una fuerza que ya tiene su ejército, al que se le puede imponer fácilmente cualquier justificación aparentemente racional de lo que hace, pero con dificultad mucho mayor un cambio de mitos. El Jefe divinizado se agrega a los demás dioses, pero demora en suplantarlos y hasta ahora en ningún lado lo ha conseguido enteramente.

Esta dificultad, por otra parte, es inherente a todo poder absoluto, pero toma ahora, en este nuevo tipo de absolutismo, rasgos mucho más agudos que en los tiempos de Barbarroja o en los de Luis XIV, puesto que se quieren, a cualquier precio, y en todos los terrenos, soluciones totales. «Totalitarismo» definió Mussolini su régimen, en el momento en que, sobre el modelo del Estado ruso surgido a través de un proceso distinto de la revolución de octubre de 1917, organizaba su propio absolutismo, sintetizado y rebasado luego por Hitler.

El carácter mismo de esa evidente imitación en los años de la crisis económica mundial, indica en el gobierno fascista el deseo de atenuar, y acaso eliminar, el aspecto privado del capitalismo, que nunca pareció tan endeble como entonces, pero en beneficio de la clase tradicionalmente privilegiada, dócil y maleable en manos del Estado fuerte. Para esa transformación del privilegio, hasta se dio rienda suelta al llamado «fascismo de izquierda», que entusiasmó a grupos juveniles crecidos dentro del régimen sin conocer la existencia siquiera de otros horizontes, pero que reveló muy pronto su peligrosidad para las jerarquías y fue enviado a morir en Etiopía.

Repitámoslo. Nacido en 1919, en atmósfera revolucionaria, el fascismo nunca fue una revolución, aunque asumiera oficialmente ese nombre, sino, en todo momento, contrarrevolución, en su propia conciencia y en la de sus adversarios. El haber salido de la legalidad, contra sindicatos, cooperativas, manifestaciones y cantos aún encuadrados dentro de la ley, el haber empleado —como dice Volpe— «el espíritu y la técnica de la guerra contra las amorfas masas socialistas», no le da carácter de revolución, como no se lo da al movimiento franquista el hecho de haber tomado la iniciativa de sublevarse contra un gobierno legalmente establecido.

El ilegalismo y la violencia de las clases que detentan el poder (lo ejerzan o no a través del gobierno), cuando se sienten incapaces de conservarlo sirviéndose del orden jurídico que generalmente ellas mismas han creado, llegan a cualquier extremo de feroz crueldad. Si releemos *El Príncipe* de Maquiavelo, veremos que los medios que el secretario florentino indica como necesarios para conservar «el Estado» son mucho más «inhumanos», en el sentido técnico de la palabra, que los que se emplean para adquirirlo.

En la primera fase del fascismo, los dueños y aprovechadores de la «empresa privada», acostumbrados a controlar desde ella lo esencial del proceso histórico en curso, concibieron al fascismo como un arma para conservarla. La segunda etapa empieza cuando tal conservación aparece como imposible y la clase dirigente se resigna a cambios de estructura que le permitan conservar su posición, aun a costa de utilizar instrumentos de poder distintos de la posesión de los medios de producción.

El control político-burocrático de esos medios equivale —repito la cita de Burnham— en los niveles superiores, a la propiedad real. A esta altura del proceso, el totalitarismo nazifascista, la burocratización de un capitalismo en crisis alrededor del Estado que absorbe sus pérdidas, y la cristalización del «aparato» del partido único (incluyendo a los sindicatos oficiales) que tiene al Estado en su poder, convergen en la formación de una nueva clase, análoga a la que Đilas[20] más tarde nos describirá en su libro, como la inevitable consecuencia de la involución dictatorial del socialismo, es decir, de su identificación con el capitalismo de Estado.

Para captar, pues, los caracteres diferenciales del fascismo, dentro de ese proceso desencadenado por el hambre de poder que lleva al totalitarismo, hay que estudiarlo en su primera etapa, durante la cual crea un estilo fácilmente reconocible, que se repite en casos análogos (falangismo,

---

20 Milovan Đilas (1911-1995), escritor, revolucionario y partisano comunista que ostentó altos cargos en el gobierno yugoslavo tras la guerra. Era considerado el líder natural que habría de suceder a Tito, pero sus críticas hacia la burocracia y el elitismo de los países comunistas, plasmadas en su obra —a la que probablemente se refiere la autora— *La nueva clase* (1957) lo llevaron fuera del partido primero, y a la cárcel después.

estalinismo, peronismo, OAS, macartismo, Ku Klux Klan, brotes nazistoides y antisemitas, etc.); esos caracteres definitorios derivan todos de su impulso conservador, contrarrevolucionario antes de la revolución. Crueldad, culto por el superhombre, desprecio por el individuo y su libertad (el desprecio es en este caso, como el odio que lo acompaña, un pobre disfraz de miedo), y el horror como arma, son el fruto y el síntoma de un desesperado agarrarse a un pedestal que se desmorona. Se trata de grupos sociales que ya gastaron los ideales que los llevaron al poder y se encuentran agotados espiritual y físicamente, como todos los sectores de población que han ocupado posiciones de mando, en lo político o en lo económico, durante muchas generaciones y, sobrecogidos por el pánico del derrumbe, se encuentran vacíos de recursos que no sean los de la fuerza bestial. Entre el sadismo nazifascista y la *«dolce vita»* de posguerra hay una continuidad. Y, si se quiere, una prueba. Léase esa primera terrible novela de Moravia, *Los indiferentes*, de 1929, que, sin embargo, vuelca el fenómeno, generalizándolo, en el ambiente de una media burguesía en proceso de degeneración, en la que hasta la indiferencia moral no es más que conformismo.

Los oropeles de la existencia parasitaria que llevan los «indiferentes», aunque se basan, no en una riqueza real, sino en sus apariencias, siguen siendo el signo exterior de una jerarquía. En ese miedo de perderlos, y en las bajezas que de ese miedo derivan, están preanunciados, ya antes de la empresa de Etiopía[21], el encarnizamiento de los Camisas Negras al servicio de la República de Saló y de Alemania en el último bienio de la última guerra, las torturas de Via Tasso en Roma[22], las muertes lentas y atroces de los hombres de la Resistencia colgados por la garganta en los ganchos de las carnicerías...

Difícilmente las fuerzas de cambio que no luchan, en general, para sí, son tan inhumanas, aunque pueden ser igualmente violentas; el aceite de ricino[23] en dosis masivas, suministrado en la calle después de un apaleamiento, no lo inventó ningún revolucionario. Pero hay que decir también que ese desprecio, aun inconsciente, por las «masas» (la palabra misma tiene origen clasista y despreciativo) que, dentro de una revolución, lleva a la dictadura, es el punto de partida del aparato burocrático a que ésta da lugar y que se vuelve conservador en la segunda etapa

---

21 Bajo un ímpetu colonialista-racista Italia invadió Etiopía el 3 de octubre de 1935. En la época fue creado un grupo paramilitar de resistencia en el país africano, conocido como los Leones Negros, que contó con la participación, entre otros, de intelectuales y médicos.

22 En el número 145 de esa calle se encuentra el edificio que, desde el 8 de septiembre de 1943, procedente de la Oficina Cultural de la Embajada de Alemania en Roma, fue utilizado como cuartel general de las SS, y desde enero de 1944 también como prisión de la Gestapo. Aquí fueron encarcelados, interrogados y torturados muchos civiles y combatientes de la Resistencia. En la actualidad hay allí el Museo Histórico de la Liberación.

23 La ingesta de aceite de ricino era habitual en las expediciones punitivas de los fascistas en Italia, como también sucedía durante la dictadura franquista en España.

y genera al fascismo: es lo que ha pasado con el estalinismo, tanto ruso como exportado. En realidad, en sus últimas fases, el proceso totalitario adquiere homogeneidad, justamente porque es una tentativa de «totalizar» el poder para conservarlo, por parte de una clase minoritaria, económicamente parásita, para la que el líder es poco más que un instrumento, y, a la vez, un mito. Ese poder total se diferencia del viejo absolutismo por el hecho de ser más absoluto; y en esta posibilidad de un más y un menos, para algo que por definición escapa al relativismo inherente al hombre como tal, está la contradicción que deja la puerta abierta a la esperanza. La libertad del hombre no puede eliminarse del todo sin eliminar al hombre. Pero, en esta tentativa de omnipotencia, que se concibe mezquinamente como esclavización de los semejantes, se ha llegado tan lejos como para comprometer la misma vida física de la humanidad, a través del dominio de sus resortes más generales por un lado, más sutiles por otro, por parte de aparatos gubernamentales prácticamente incontrolados.

El fascismo como fenómeno de patología social

Y bueno, el fascismo es eso: un deseo desesperado de conservar el poder, y, a la vez, un sentimiento de inferioridad que lleva a situar la lucha en el terreno de la violencia física, hiriendo en los adversarios, que son «los demás», lo que constituye su dignidad de hombres, rebajando en ellos las calidades de las que se cree carecer. Estos son los rasgos que Salvagno Campos[24], en una conferencia-folleto que merecía ser más conocida, encontraba en *La patota criminal criolla* (tal es el título de la conferencia), rasgos que, debidos a las mismas causas —desconfianza en sí mismo de cada uno de sus componentes, deseo de imponerse o destacarse, como desquite, con cualquier medio, en un ambiente considerado «superior» y odiado como tal— llevan a una violencia de tipo morboso.

Hay en efecto todo un conjunto de fenómenos degenerativos a los que la vida humana está permanentemente expuesta: el desencadenamiento incontrolado de los instintos adolescentes, al que llamamos delincuencia infanto-juvenil; el desafío de anormales (o que se creen tales) que se manifiesta a través de un culto extremado por una fuerza y una salud (que ostentan los individuos gracias a la agrupación, pero que individualmente no tienen); la psicosis de guerra (que se oculta bajo un frío arrojo); el desprecio por el otro (de los «niños bien» por las masas, de los «descamisados[25]» por los intelectuales,

24 Carlos Salvagno Campos (1898-1955) fue un escritor y dramaturgo uruguayo. «Patota» equivaldría a pandilla, por lo que la conferencia aludiría a grupos de bandas juveniles.

25 Término despectivo con el que se aludía a las clases populares. En 1879 se fundó en Argentina un periódico anarquista llamado *El Descamisado*. A partir de la década de 1940, la expresión pasó a denominar principalmente a los partidarios de Perón de extracción obrera.

de los blancos por los negros o viceversa, etc.). Se trata de distintas manifestaciones que constituyen la zona peligrosa (algunos la llaman demoníaca) de la irracionalidad. Ninguna revolución se libra de esos fenómenos morbosos. Pero ninguna los emplea como armas. Los grupos sociales entronizados en el poder, emplean, en cambio, esas degeneraciones de la irracionalidad, muy racionalmente, en su desesperada resistencia contra las fuerzas de cambio, resistencia que puede adoptar la forma del golpe de Estado, o apoyarse estratégica y demagógicamente en sectores desposeídos de la población (Hitler en el *lumpenproletariat*, Franco en los moros, Perón en el proletariado no organizado del campo), sin dejar de ser resistencia, es decir, conservación.

Este carácter «metodológico» de la «contrarrevolución preventiva» se vio claro en la última guerra, durante la victoriosa expansión del nazismo, favorecida por los conservadores de los países invadidos, que renegaron así de su tradicional nacionalismo. En cada uno de tales países la violencia ejercida por el invasor con un sadismo nunca visto, para mantener el dominio de la situación, fue violencia de partido o de clase, y estuvo materialmente a cargo, en la mayor parte de los casos, de elementos locales de derecha. Hay más: todo estaba calculado para producir en el adversario detenido, humillado y torturado, la pérdida del respeto hacia sí mismo y hacia sus compañeros de cautiverio, y al final hacia su misma calidad de hombre, obligándolo a rebajarse en grado extremo y a cooperar con los verdugos para sobrevivir.

En uno de los primeros libros que salieron sobre el infierno de Auschwitz, escrito por una polaca sobreviviente de ese campo de concentración, leemos: «Nuestro sufrimiento mayor estaba constituido, no por la suciedad, los piojos, las chinches, el pesado trabajo, los golpes que los alemanes descargaban sobre nuestros cuerpos, sino por el fango moral, dado por las relaciones entre las detenidas [...] Con plena conciencia los alemanes ensuciaban en los pueblos lo que había en ellos de mejor y más noble, mezclándolo con la peor podredumbre moral [...] Se esforzaban por despertar la animosidad entre los detenidos, aprovechando todas las diferencias posibles: sociales, culturales, etc. Pero el veneno más terrible que empleaban era la rivalidad racial y nacional, sutilmente excitada por medio de nuestras miserias cotidianas[26]».

Cerrado el libro, las imágenes de horror (los catorce crematorios, a los que los niños eran arrojados vivos para ahorrar gas, la escena terrible de esos veinte camiones llenos de mujeres desnudas, que iban directamente de la enfermería a la cámara de la muerte provocando la rebelión y la locura de un soldado alemán recién llegado que

26 Pelagia Lewinska, *Veinte meses en Auschwitz*, Mateu, Barcelona, 1950, trad. de Alejandro Liaño. Apareció primero en francés en 1945. Lewinska (1907-2004) militaba en el Partido Obrero Unificado Polaco, y fue llevada a Auschwitz luego de la ocupación de su país.

ignoraba la realidad de los campos, la muerte en las cercas de alambre electrizado...), adquieren en la memoria un nuevo y más profundo significado, asociadas con las otras imágenes de esa vida diaria, que era en sí un lento engranaje de muerte, antes espiritual y luego física.

Charles Eube y Paul Eluard, que prologan el libro, en prosa el primero, en versos el segundo, lo presentan como un documento antialemán; y, en ese momento y en las intenciones, lo era. Leído hoy, en un contexto mucho más amplio y entre pasiones distintas, creemos juzgarlo mejor si decimos que se trata de un documento antifascista.

La literatura sobre los campos de exterminio es abundante y sobrecogedora; pero de toda ella sólo queremos recordar aquí, además del librito ya citado, importante por su inmediatez, una obra de un judío italiano, Primo Levi, titulada *Si esto es un hombre*, que insiste, a través de un relato espantoso, sobre esta verdad: que lo peor que hizo el nazifascismo fue el haber despertado la bestia que existe en potencia en cada ser humano, el haber revelado al hombre de qué horrores y de qué bajezas es capaz.

El carácter monstruoso y masivo del fenómeno ha concentrado, después de la guerra, la atención de historiadores, sociólogos, psicólogos y hasta médicos, sobre la patología del poder y del sometimiento ciego. Libros como *El miedo a la libertad* de Erich Fromm, *El demonio del poder* de Gerhard Ritter, *Autoridad y delincuencia en el*

Estado moderno de Alex Comfort[27], citados aquí sólo como ejemplos, tomados un tanto al azar de una convergencia que podríamos llamar experimental, nos ayudan a confirmar la definición del fascismo a la que llegamos, basándonos en el análisis de los hechos: el fascismo es el producto de un esfuerzo desesperado por conservar el poder contra cualquier tendencia al cambio. También nos ayudan a ver los peligros de reducir esa tendencia al cambio a los términos de una lucha por el poder, que fatalmente se vuelve conservadora, una vez que alcanza este último objetivo.

Ritter, que es, en el análisis, el menos seguro de los autores mencionados, ve en la vida política una trágica antinomia entre el deber de la afirmación de sí –para Estados e individuos– y el del sacrificio de sí en bien de la comunidad; y busca difíciles conciliaciones en una línea absolutamente tradicional, sin que parezca darse cuenta de que los peligros de un triunfo de lo «demoníaco» (según su propia expresión) tienen carácter mortal, en este momento en que la capacidad creadora y destructiva del hombre ha llegado muy cerca de los límites mismos de la vida.

---

27 Erich Fromm, *El miedo a la libertad,* Paidós, Barcelona, 1947, trad. de Gino Germani; Gerhard Ritter, *Die Dämonie der Macht,* sin traducción al castellano; Alex Comfort, *Autoridad y delincuencia en el Estado moderno: enfoque criminológico del problema del poder,* Editorial Américalee, Buenos Aires, 1960, trad. de Marta Guastavino.

Pero tanto la afirmación de sí, como la abnegación, quedan completamente falseadas en el fenómeno fascista, en que la primera se reduce al empleo de la fuerza material y la segunda al masoquismo de la obediencia ciega. Más aún, yo diría que quedan falseadas toda vez que buscan realizarse a través del poder coactivo, político o económico, de unos hombres sobre otros, poder que tiende al fascismo cuando se ve amenazado. Gino Germani, en la introducción a la edición de la mencionada obra de Fromm, tiene unas líneas tan lúcidas a este respecto que no me resisto a citarlas:

> La estabilidad y la expansión ulterior de la democracia dependen de la capacidad de autogobierno por parte de los ciudadanos, es decir, de su aptitud para asumir decisiones racionales en aquellas esferas en las cuales, en tiempos pasados, dominaban la tradición, la costumbre, o el prestigio y la fuerza de una autoridad exterior. Ello significa que la democracia puede subsistir solamente si se logra un fortalecimiento y una expansión de la personalidad de los individuos, que los haga dueños de una voluntad y un pensamiento auténticamente propios. En su dimensión psicológica, la crisis afecta justamente la personalidad humana.

Naturalmente, Germani se refiere aquí a la democracia liberal, como salió de las revoluciones del siglo diecinueve y que implica el respeto de los derechos básicos de las minorías, y no a la jacobina, que tiende a exigir el poder total para los ungidos por la mitad más uno de los votantes[28]. Y, a mi vez, al hacer esta aclaración, que en este momento considero necesaria, quiero excluir del adjetivo «liberal» todo sentido económico en relación con la empresa privada, pues esta es en sí un instrumento de poder y como tal la consideraron ya los obreros de París que buscaban completar la revolución de febrero de 1848 afrontando en junio los fusiles de Cavaignac[29].

Crisis de la personalidad, dice Germani: podríamos conformarnos con esta definición provisoria para entender los brotes de delincuencia nazifascista en América Latina y en algunos países de Europa en esta tumultuosa posguerra. Pero no hay que perder de vista que los estados de espíritu y cultura que tales episodios revelan quedan como peligrosos instrumentos disponibles, pues

---

28 La democracia jacobina valida la libertad de los individuos a través de la soberanía política, la participación en el Estado y el establecimiento del poder de la mayoría. Según la autora, sus tendencias autoritarias y centralizadoras prefiguran los totalitarismos de derecha e izquierda. Véase Luce Fabbri, «Democracia, Liberalismo, Socialismo, Anarquismo», *Cénit. Revista Mensual de Sociología, Ciencia y Literatura*, nº 27, Toulouse, marzo de 1953.

29 Luce Fabbri entiende el anarquismo como la confluencia y superación del liberalismo y del socialismo. Del liberalismo hereda la crítica al Estado y el énfasis en la libertad individual. Del socialismo mantiene la crítica a la propiedad privada y la defensa de la igualdad social. En este sentido, el anarquismo retoma el legado de las revoluciones burguesas y lo reactualiza en las revoluciones proletarias, afirmando que la libertad individual sólo podrá florecer en un contexto de igualdad social. Véase el artículo citado en la nota anterior.

corresponden a la mentalidad y a las consignas características de las bandas armadas al servicio de los poderes tradicionales, cuyos órganos por eso mismo son a menudo indulgentes con ellos. Véase un ejemplo. Leemos en el *Taccuino* del semanario italiano *Il Mondo*, del 23 de octubre de 1962:

> Los fascistas de Milán han realizado una manifestación en favor de las duras condenas infligidas por los tribunales de Franco a los estudiantes españoles: han bajado a la calle, armados de porras, llevando carteles con elogios al Caudillo, a la Falange, al catolicismo y a la civilización occidental, y han agredido al periodista Pablo Pernici, que, solo y desarmado, les había hecho frente. A la cabeza de los fascistas iba el «honorable» (diputado) Domenico Leccisi, conocido por haber iniciado su carrera política con el robo del cadáver de Mussolini. Leccisi había recibido de la oficina política de la Jefatura de Policía la advertencia de que no debía molestar las pacíficas iniciativas de los grupos antifascistas, pero las fuerzas policiales prefirieron ignorar la orden y la expedición punitiva del cuerpo motorizado de policía, agitando las porras entre la indiferencia de los agentes. Cuando los fascistas se encontraron ante el periodista Pernici, se desahogaron con él, golpeándolo con todas las ingeniosidades propias de su sabiduría. «A pocos pasos —refiere el *Espresso*— había una camioneta y, apoyado en ella, un policía charlaba con un civil. Chorreando sangre, Pernici lo alcanzó: —¿Por qué no interviene?—, le preguntó. En ese momento,

el honorable Leccisi, sosteniendo con la izquierda su porra sucia de sangre, se iba sonriendo de satisfacción: —No, yo no intervengo —contestó el agente a Pernici, y prosiguió la conversación interrumpida». La actitud del policía de Milán describe de manera directa cuál es la línea de conducta de por lo menos una parte de las autoridades: altos grados de la Policía, de la Judicatura, de la Política y de la Burocracia.

Lo que podemos agregar nosotros es la comprobación del carácter general de este estado de ánimo, que, lejos de ser un matiz de una situación circunstancial, toca de cerca uno de los rasgos profundos de la historia de nuestro tiempo. Hay todo un periodo de la última «preguerra» que podría ser definido por consignas de defensa de lo establecido, que sólo en la forma diferían de un país a otro. Ellas podrían resumirse en la adoptada por los grandes industriales franceses: «Mejor Hitler que Léon Blum», y nos sirven aún para explicarnos las complicidades activas y pasivas que el fenómeno fascista encuentra, en sus manifestaciones residuales o en sus nuevos retoños no siempre conscientes de su papel, por parte de muchos de los que ocupan altos puestos en las jerarquías económicas y políticas.

Dejando de lado las represiones de la revolución húngara y de la argelina, que bajo la apariencia colonialista, fueron masivas empresas de defensa del poder de una casta (un «aparato» de partido en el primer caso, una minoría dominante estrechamente aliada con una organización militar terrorista en el segundo), tales brotes han quedado hasta ahora bastante aislados en los países en que se produjeron.

Pero no sabemos esta vez desde dónde puede amenazarnos el peligro fascista que transformaría estas manifestaciones aisladas en avalanchas de «terror pánico a la libertad», precipitándonos en el abismo de la guerra. Contra ese múltiple peligro las únicas verdaderas defensas están en cada uno, en la racionalidad y en la espontaneidad de cada uno, en esa responsabilidad activa de cada individuo hacia los demás, que es a la vez un afirmarse y un darse.

Camisas negras

1933

Ayer y hoy

Ahora que el fascismo tiene entre sus garras el corazón de Europa y eleva su grito de guerra desde Berlín, ahora que la democracia está tambaleándose en todas partes y se demuestra incapaz de superar el capitalismo e incapaz también de salvarlo, recién ahora, en plena crisis sangrienta, el mundo empieza a preguntarse qué es el fascismo. Cuando triunfó en Italia, antes de la crisis mundial y después de un proceso lógico que se repitió ya en otros países, y que puede repetirse en cualquier parte, nadie o casi nadie se preocupó de estudiarlo; todos dijeron: «En un rinconcito de Europa ha vuelto la Edad Media; es horrible, hay que protestar porque la dignidad humana ha sido ofendida. Pero no hay que asustarse; son fenómenos del Sur, manifestaciones de pueblos cuya alma es ardiente, cuya imaginación es calenturienta y que se van a los extremos sea en la libertad, sea en la opresión». Y así la experiencia trágica, acaso mortal, de toda una nación, ha sido completamente inútil. Los mismos errores se han repetido, el mismo descuido, en todas partes, ha permitido a las fuerzas reaccionarias levantar la cabeza e iniciar la destrucción de todo lo que había sido conquistado. Y el fenómeno opuesto se produce ahora. Los mismos que antes se mecían en un confiado y cómodo optimismo se abandonan frente a la brutalidad de los hechos, a un desesperado pesimismo, igualmente cómodo, igualmente infecundo. Hablan de fatalidad histórica, de inflexibles leyes económicas, del fracaso de la idea de libertad.

El optimismo ciego y el pesimismo resignado son dos aspectos idénticos y contrarios de una misma pereza, de esa misma fuerza negativa de inercia que hace del hombre un ser semejante a las cosas.

Pero esta paralización es momentánea y no llega, a pesar de las apariencias, hasta las capas profundas del alma popular. Hay en la masa gris de los humildes, en ese rebaño del que hablan con tanto desprecio los aristócratas intelectuales y los individualistas a lo Nietzsche, una reserva inmensa de energías que es impotente sólo cuando no encuentra su cauce. Si las grandes masas no han ofrecido una resistencia victoriosa desde el principio, ha sido por una ofuscación natural en el momento caótico en que vivimos, por falta de orientación, por la educación hipnótica recibida de los malos pastores y, sobre todo, por falta de organización. El fascismo, como pasa a menudo en la historia, se preparó ocultamente a través de los años y se presentó de golpe ante los ojos asombrados del pueblo que nunca había tomado en serio las previsiones pesimistas de una minoría de observadores. Los pueblos viven al día, y lo que es peor, las naciones, en el siglo de la radio y de la televisión, viven encerradas en sí mismas.

El fenómeno fascista se está produciendo hoy en todas partes; y en todas partes el pueblo ve en él un factor más que entra en el juego de la política nacional o regional y no llega a comprender sus alcances y sus orígenes internacionales. Por eso no le da importancia hasta el momento en que el germen se ha transformado en una planta difícil de desarraigar. Es necesario, pues, estudiar el fenómeno fascista desde un punto de vista general.

Carácter clasista del fascismo

No es fácil juzgar y apreciar el fascismo desde lejos, tomándolo en un momento de su historia, observando un estadio solo de su aspecto exterior en continua transformación. Lo que se sabe de él, lo que se ve de él, son una serie de manifestaciones violentas y contradictorias. Claros sólo aparecen su carácter clasista, que él trata en balde de negar, y su carácter absolutista. Mussolini se jactó de haber pasado por sobre el cadáver de la libertad y esta frase puede servir de lema para todos los fascismos que surgen. Es un ataque violento contra la civilización burguesa y liberal del siglo pasado, pero sólo porque esa civilización contiene en sí los gérmenes o, mejor dicho, las posibilidades de desarrollo de un mundo nuevo que la supere.

Se dice a menudo que el fascismo es el último refugio del capitalismo. Esta afirmación se presenta a la mente y a los labios con la facilidad de las frases hechas.

Pero las frases hechas, los clichés, pese a su comodidad, tienen un grave inconveniente; aisladas del conjunto de premisas lógicas que las condicionan y las limitan, pierden su valor relativo, es decir, vital, para adquirir un sentido general y absoluto que está en contradicción con la incesante y desconcertante transformación de la vida real. Que con el fascismo el mundo capitalista se juega su última posibilidad es justamente una de esas verdades relativas que sería peligroso generalizar y cristalizar demasiado. En realidad el campo multiforme de la historia humana escapa continuamente a nuestro afán sistemático de previsión. La vida, aun en sus manifestaciones colectivas, es el dominio de lo imprevisto. Lo que podemos decir es que las causas del fascismo, a pesar de no ser sólo económicas, tienen todas un carácter clasista, ya que la división en clases no se limita al campo económico. Es la reacción de una clase contra los progresos de otras. Fascismos y guerras son dos aspectos de una misma aspiración. Frente a una realidad técnica que se transforma rápidamente, cambiando a la vez las condiciones de la acción y de la vida, el capitalismo siente que le falta terreno bajo los pies y busca en un fortalecimiento del Estado por él controlado un medio para conservar violentamente lo que quiere morir de muerte natural. Tal es el origen de las dictaduras en las que desemboca el fascismo.

¿Hacia el capitalismo de Estado?

Se ha repetido muchas veces en estos últimos tiempos la afirmación de que el fascismo italiano, así como el bolchevismo ruso, tiende a realizar el capitalismo de Estado.

Ahora bien, al considerar en particular los problemas del fascismo italiano, trataré de demostrar que esa evolución del corporativismo es, por el momento, sólo aparente. El fascismo ha sido una creación capitalista y defenderá, mientras pueda, los intereses del capitalismo privado. Pero no se puede excluir que, cuando el armazón económico actual esté por derrumbarse definitivamente, el fascismo, controlado y dirigido por las fuerzas del capital, sea empleado por este último como medio de transformación. El capitalismo se serviría de él, en una palabra, para no dejar a sus adversarios la iniciativa del cambio, para conservar las riendas en el momento crítico, para poder morir bien, y resurgir bajo otras formas. El fascismo puede ser en los cálculos del capitalismo un medio de salvación o un agente de eutanasia. Por eso se puede admitir, pero sólo como hipótesis, que tarde o temprano llegará a transformarse en capitalismo de Estado. El fascismo italiano, por ejemplo, desde sus comienzos, en la práctica y desde la marcha sobre Roma, en la teoría, se ha demostrado y declarado siempre un defensor del capital privado[30]. La misma *Carta del lavoro,* documento básico del régimen corporativo, dice en su artículo VII: «El Estado corporativo considera la iniciativa privada en el campo de la producción como el instrumento más eficaz y más útil para el interés de la nación». Sin embargo en 1929 y en 1930 se empezó a admitir, en discursos y artículos fascistas, la posibilidad de un cambio en el régimen de la propiedad, pero extraoficialmente y sin insistir. Cuando Alberto De Stefani, entonces ministro de Hacienda, en un artículo del *Corriere della Sera* decía lo que había que hacer para salvar al capitalismo, «si es que vale la pena», esta última frase era más una *boutade* o un presentimiento lejano que el síntoma de un cambio de orientación. Sólo en estos últimos tiempos, cuando ya de los mismos ambientes capitalistas salen las voces que condenan el sistema económico actual, después de las declaraciones de los tecnócratas

---

30 Por otra parte, ya en 1921, un año antes de la marcha sobre Roma, el congreso fascista, reunido en la capital, establecía como punto básico del programa del partido la aspiración hacia un Estado fuerte y soberano, que reconociera y defendiera la función social de la propiedad privada (Luigi Fabbri, *La controrivoluzione preventiva,* Bologna, Capelli, p. 78). *(Nota de la autora)*

y de los ensayos de economía dirigida, también Mussolini empieza a hablar de la crisis del sistema y a presentar el corporativismo como una superación del capitalismo, cuando, en realidad, no es sino su continuación. En la práctica, lo veremos, el fascismo, que vive al día por las razones mismas de su vida, obedece a los intereses de los grandes tiburones de la industria, así como, en sus comienzos, los Camisas Negras no hacen sino ejecutar la voluntad de los distintos comerciantes y latifundistas, que los dirigían contra una determinada organización, contra los huelguistas, contra una cooperativa. Se hace ahora en gran escala, bajo el velo de la ley, lo que entonces se hacía contra la ley.

El fascismo alemán parece tener a ese respecto características algo distintas, ya que se apoya sobre verdaderas masas de pueblos, legiones de desempleados y desesperados que tomaron en serio el programa revolucionario y anticapitalista de Hitler, mientras esto nunca pasó en Italia. Pero si en Alemania el malentendido ha abarcado a enormes multitudes, eso no quiere decir que los dirigentes responsables no sirvan los intereses del capital. Los hitleristas sinceramente anticapitalistas se encuentran ahora defraudados. Llegado al poder con sus votos, Hitler afirma ahora que no es necesaria la segunda revolución de que se habla en las filas de sus soldados y que es un traidor quien trate de perturbar el orden en ese sentido. Lo único que se les permite a los nazis descontentos es desahogar su odio sobre los marxistas y los judíos.

Resumiendo: el fascismo puede no ser el único ni el último de los recursos del capitalismo, pero sí es la principal manifestación de su lucha, no tanto contra su crisis interna, como contra las fuerzas nuevas que podrían aprovechar su caída y sucederle.

Naturalmente, las diferencias profundas entre las condiciones tanto materiales como espirituales de los distintos pueblos hicieron que el fenómeno fascista se transformara, pasando de su país originario a las otras naciones. Pero en todas partes conserva sus rasgos fundamentales y distintivos que son una consecuencia directa de los factores que le dieron vida, es decir, en el campo espiritual la guerra y en el campo material o, mejor dicho, económico, la desorientación del capitalismo.

La reacción contra los principios de 1789

Estos caracteres fundamentales que distinguen en todo el mundo al fenómeno fascista de los otros fenómenos de reacción policial son pocos y bien definidos. El más característico y evidente, aunque no el más profundo, es su reacción violenta y radical contra los valores espirituales, sociales y políticos que, surgidos en la Revolución francesa, constituyeron el núcleo ideal y el impulso de toda la historia del siglo XIX, siglo que, a pesar de la rigidez de los almanaques, terminó su ciclo no en 1900, sino en 1914.

Producto del mundo burgués, el fascismo no surgió con los rasgos que estamos acostumbrados a atribuirle tradicionalmente a la burguesía. Pero en realidad viene a ser el aspecto opuesto de la misma sustancia. La burguesía se afirmó como factor político en 1789. Su desarrollo coincide por un lado con la progresiva conquista de las libertades políticas y constitucionales y por el otro con el extenderse siempre más rápido de los tentáculos capitalistas sobre la economía mundial.

Para el capitalismo en sus comienzos el Estado era sí una protección, pero era también un estorbo. Por eso los dos rasgos fundamentales de la mentalidad burguesa en el siglo pasado fueron la tendencia a limitar por las trabas democráticas el poder del Estado, y el individualismo, sea en el campo económico, sea en el campo espiritual y político.

El divorcio entre el capitalismo y la democracia se inició en realidad muy pronto; se inició, se puede decir, cuando el concepto de libertad empezó a tener para todo el mundo un alcance social, pero la clase explotadora no se quitó la careta democrática hasta la guerra mundial, que obró como un poderoso reactivo y puso al descubierto aspectos ignorados o latentes no sólo del alma humana, sino también de la realidad objetiva.

La burguesía, en ese aspecto suyo que se identifica con el capitalismo, salió de la guerra con una cara nueva, más cínica y materialista, más correspondiente a su nuevo papel que es un papel eminentemente conservador. Frente a la crisis interna del sistema, frente a las fuerzas contrarias que la están minando desde abajo, la clase dominante adopta la misma actitud ultrautoritaria que la aristocracia legitimista había adoptado antes de la Revolución francesa o en la Restauración de 1815 frente a las aspiraciones del tercer Estado.

Muerte de la democracia burguesa

La democracia burguesa, arma forjada para los intereses de una clase en progresivo ascenso, termina su ciclo histórico ahora que esa misma clase, llegada a su punto culminante, tiene que emplear armas muy distintas para mantenerse en las pasiones conquistadas. Lo que hace poderosamente significativo el fenómeno fascista es justamente el hecho de que con él la burguesía capitalista rompe en las manos del proletariado el arma frágil que antaño ella misma creara para sí y que hasta ahora le sirvió para adormecer las nuevas fuerzas en una engañadora apariencia de seguridad y de progreso pacífico.

Si el proletariado, si los hombres libres, rechazan la democracia para superarla, la clase explotadora la rechaza para volver atrás, para borrar de la historia humana en beneficio propio todas las luchas del siglo XIX, que los fascistas, recogiendo una frase de Daudet, llaman «el estúpido siglo XIX».

Tratando de simplificar este complicado panorama podríamos decir que tres principios están en lucha:

1) la civilización burguesa democrática, hija de la Reforma, de la Revolución francesa, y de la Ilustración, e impregnada de una adoración un poco abstracta por la libertad política y económica, instrumentos del tercer estado en su fase ascendente.

2) una civilización naciente, informe y caótica aún, surgida de la primera a través del alumbramiento doloroso de la guerra, civilización que tiende a extender el concepto de libertad de lo político a lo social y a superar la democracia en el sentido de una mayor autonomía de las fuerzas en juego. Esta segunda forma es el desarrollo lógico de la primera y llevaría a una transformación profunda de la estructura social. Quien no puede disponer libremente de los instrumentos de trabajo no tiene libertad.

3) un resurgimiento brutal del principio de autoridad[31], instrumento necesario al capitalismo burgués para su conservación.

---

31 Este último principio ha rebasado, por una forma muy común de contagio psicológico, los límites de las filas reaccionarias. El ultrautoritario socialismo de Estado, si podía considerarse diametralmente opuesto al capitalismo, liberal de antes, no está en contraposición directa con el capitalismo unitario y dirigido que se está delineando hoy y por lo tanto no puede desempeñar el papel de reactivo libertador. Ahora se dice: «Roma o Moscú». En realidad el verdadero dilema, sea en el campo político sea en el campo económico es: autoridad o libertad. *(Nota de la autora)*

Entre las distintas perversiones sádicas que el fermento de la sangre derramada en la guerra produjo en la humanidad está esa voluptuosidad del látigo, esa orgullosa abdicación de los valores racionales, esa exaltación de la fuerza como único derecho. Como los niños cuando tienen esos accesos inexplicables de rabia ciega, así la humanidad experimenta, en la desesperación de la crisis, un placer enfermizo en negar todo lo que ella misma construyó, en exaltar lo que antes era objeto de horror. Dije la humanidad y dije mal: es una parte de la humanidad; pero las fuerzas insensibles y casi impersonales que tienen el mundo en sus manos y al mismo tiempo se sienten impotentes y agotadas, utilizan estas tendencias para sus fines.

En realidad es el espíritu, la mentalidad de las cavernas que vuelve, como vuelve siempre cuando la propiedad está amenazada y quiere defenderse.

El fascismo, encarnación del principio de autoridad

Esta tercera tendencia, autoritaria, está representada por el fascismo; es tendencia destructora y no creadora y esto constituye su debilidad. La autoridad no construye nada más que murallas de piedra con los brazos de los esclavos; pero nada crea en la conciencia de los hombres, si no es, a veces, la rebelión. El fascismo, surgido con la violencia, se conserva con la jerarquía, que es otra forma de violencia, y con el absolutismo sangriento. La necesidad perpetua de emplear la violencia le persigue y le mantiene en una continua tensión que impide el tranquilo trabajo creativo. El fascismo dejaría de existir el día en que concediera a sus súbditos la libertad relativa de que gozan los países democráticos. Ni Mussolini ni Hitler pueden hacerlo, como no pudo hacerlo Machado en Cuba. Esto demuestra que, por más que se extienda el fascismo y aunque ilumine con sus hogueras todas las plazas del mundo, su dominio no pasa de la superficie, ni pasará si la voluntad de los hombres no es un hilo que se rompa al primer soplo de viento. La libertad, por más heridas que tenga, no llegará nunca a ser un cadáver, porque representa un principio elemental y eterno. Pero sobre todo el fascismo no puede ser la realidad de mañana, porque las condiciones mismas de la vida lo superan, porque en un mundo en que, no sólo los hombres, sino las cosas mismas evolucionan cada vez con más rapidez, él representa un elemento enmohecido de conservación. Hitler aspira a restaurar los valores de la raza alemana ahora que la ciencia está destruyendo el concepto de raza, y sueña con el Sacro Romano Imperio de la nación germánica muerto hace muchos siglos. Los otros fascismos que surgen en el mundo no tienen programas más nuevos y más atrevidos. El fascismo italiano, que habla a cada momento de reconstrucción, de la nueva idealidad, de la nueva Italia, no hace sino llamar con nombres nuevos y cubrir con caparazones jurídicos nuevos la opresión de una clase por otra protegida por el Estado: es decir, una realidad vieja que contrasta visiblemente con las exigencias económicas y espirituales de la sociedad moderna.

En busca de una idea

Y para vestir de un débil barniz ideológico un movimiento que es motivado casi completamente por razones económicas y que es ayudado en su empuje por las fuerzas psíquicas más oscuras y más irracionales, los teóricos del fascismo han ido a buscar sus fuentes ideales entre los autores (especialmente literatos) que en la atmósfera estancada del mundo prebélico se habían rebelado contra la banalidad aplastante de la democracia burguesa en nombre de una concepción nietzscheana de la fuerza, que tenía sobre todo para ellos un valor personal y casi diría estético. Seguramente esos espíritus aislados se habrían sorprendido si hubiesen podido prever el futuro alcance reaccionario de sus actitudes líricamente rebeldes.

Entendámonos bien: esas teorías no constituyen el contenido ideológico del fascismo, que es esencialmente una defensa armada de los privilegios de una clase y que no tiene otro programa real que la voluntad de dominio. El fascismo surgió como antidemocracia, porque la democracia ya no servía para defender el mundo capitalista;

pero tuvo necesidad de buscarse un sistema y de fabricarse precursores, para atraer a la juventud descontenta y también a cierta clase de intelectuales.

A la misma necesidad obedece aquella coquetería de querer llamar revolución a una restauración brutal que nos transporta políticamente a los tiempos anteriores de la Revolución francesa. Con el mismo método, para tratar de atraerse a los obreros, todos los fascismos, antes de conquistar el poder ponen en su programa proyectos vagos e inconsistentes de socialización que se desvanecen apenas el partido llega a adueñarse del poder estatal y de los centros nerviosos de la vida del país.

Cuando en 1919 surgió el fascismo en Italia, sus verdaderos rasgos no se manifestaban en los artículos del *Popolo d'Italia* (el órgano personal de Mussolini) sino en las pequeñas hojas de provincia y en la actitud de las escuadras fascistas. En la acción práctica y violenta, el fascismo ponía de manifiesto los móviles verdaderos del movimiento y de sus jefes: el odio de los industriales contra los trabajadores que se atrevían a emplear el derecho de huelga, el odio de los «niños bien» que se veían desposeídos de sus privilegios culturales por el progreso intelectual de las masas obreras, el odio de los comerciantes contra las cooperativas, etc. En los centros rurales eran los grandes terratenientes los que sufragaban los gastos de las escuadras fascistas; en las ciudades eran los comerciantes y los industriales.

La experiencia posterior ha demostrado que el anticapitalismo de los movimientos fascistas incipientes nunca ha sido otra cosa que un recurso demagógico. Y, sin esperar la prueba irrefutable de los hechos, ya desde entonces se podía comprender eso, por la vaguedad retórica y superficial de esas afirmaciones subversivas.

El programa y las realizaciones

Es particularmente interesante a este propósito una comparación entre los programas fascistas anteriores a la toma del poder y las realizaciones posteriores. En el programa del partido nazi hay algunos artículos significativos, por ejemplo los 5, 6 y 7, que pregonan la abolición de las rentas que no tengan por base el trabajo, la confiscación de los beneficios de guerra, la nacionalización de las industrias y eventualmente de la tierra (art. 9). Ahora estos puntos han sido archivados y Hitler considera que su revolución es completa ya por el solo hecho de haber llegado al poder.

Mucho más revolucionario era, sin embargo, el programa del *fascio* mussoliniano en 1919. Ese programa pedía la República, la descentralización del poder ejecutivo, la soberanía popular, la abolición del senado, de la policía política, del servicio militar obligatorio, la supresión de las sociedades anónimas, de los bancos y de las bolsas, la reorganización de la producción sobre bases cooperativas, libertad completa de prensa y de asociación, solidaridad de los pueblos, unidos en una confederación de Estados. Como se ve, las realizaciones corresponden exactamente al programa...

Pero mientras Hitler hablaba de confiscaciones y nacionalizaciones por un lado, por el otro se declaraba, en un artículo escrito para un diario italiano, «defensor de la propiedad[32]».

Ese lenguaje revolucionario, vago en su demagogia, sirvió en Alemania como antes en Italia para atraer a las masas y ejercer un eficaz chantaje sobre los capitalistas que podían cansarse, como a veces se cansaron, de financiar el movimiento[33]. En la misma forma la tendencia republicana de Mussolini no era sino un hábil chantaje a la monarquía. Los fascistas en Italia hablaron de república hasta el día antes de la marcha sobre Roma; pero en cuanto el rey hizo de Mussolini su primer ministro, el fascismo

32 *Corriere della Sera*, 28 de septiembre de 1930.

33 Por lo que se refiere a los beneficios ilícitos realizados con la guerra, el caso en Italia fue muy típico. Mussolini, antes de 1922, hacía una campaña tan violenta como la de Hitler contra los «tiburones» de guerra, y sin embargo eran justamente estos últimos, asustados por las medidas que el gobierno parlamentario bajo la presión de la opinión pública había ya aprobado contra ellos (revisión de los beneficios de guerra y reducción correspondiente), los que más contribuyeron a subvencionar el movimiento fascista. En efecto lo primero que hizo el fascismo en cuanto alcanzó el poder fue abolir esas medidas junto con el impuesto a la herencia. No se habló más en Italia de los beneficios de guerra, y los nuevos ricos que habían edificado su fortuna sobre los cadáveres, quedaron tranquilos y (¿quién lo duda?) agradecidos. *(Nota de la autora)*

se declaró enseguida el restaurador de la más pura tradición histórica italiana representada por la casa de Saboya.

El inevitable conflicto

Para las fuerzas tradicionales políticas y religiosas, aliadas con las recientes pero ya viejas fuerzas capitalistas, esta reacción violenta era necesaria.

El fermento espiritual que hace tan interesante y tan profundamente creadora la historia del siglo pasado habría llegado seguramente, si hubiera podido desarrollarse según su lógica interior, a negar la democracia, superándola en el sentido de una libertad más amplia en el campo político y a destruir la explotación capitalista en el campo económico. Y como no hay enemigo que no se defienda, era natural que el conflicto se acentuara. La guerra no hizo sino agudizar y volver más brutal el proceso, imprimiéndole un ritmo progresivamente acelerado.

Ya desde la mitad del siglo pasado se podía predecir el desenlace del movimiento demócrata-liberal que entusiasmaba en esos tiempos a tantos corazones generosos en todas las esferas sociales. Ya desde entonces los anarquistas preveían que las libertades de palabra, de reunión, de prensa, que tanta sangre habían costado, serían aniquiladas con cualquier medio, aun el más ilegal, cuando el pueblo tratara de servirse de ellas para sus reivindicaciones.

Los fascismos, fenómenos de reacción ilegal apoyados por los gobiernos, que en teoría tienen el cometido de hacer respetar la ley, han venido a confirmar estas previsiones.

Las libertades democráticas subsisten en los países en que el pueblo no ha tratado aún de aprovecharlas ampliamente para sus propios fines. En los otros, la clase explotadora ha desgarrado definitivamente el velo de la legalidad y ha sorprendido al pueblo atrincherado ingenuamente, por obra de los malos pastores, en las frágiles posiciones democráticas.

El fascismo es, pues, un movimiento eminentemente antidemocrático, pero —no me cansaré de repetirlo— no en el sentido de una superación de la democracia, sino en el sentido de un enorme salto hacia atrás; no quiere levantar un edificio nuevo sobre las ruinas del sistema actual, sino reconstruir el edificio antiguo con materiales enmohecidos y abandonados desde hace tiempo. Esto, naturalmente, en las intenciones. Las restauraciones en la historia siempre son relativas y tienen a menudo desenlaces imprevistos. Las viejas pelucas de la Santa Alianza no imaginaban en 1815 que su afán de reconstrucción del pasado iba a desembocar en el magnífico estallido revolucionario de 1848.

La divinización del Estado

En este esfuerzo de torcer violentamente hacia atrás el curso de la historia, los distintos fascismos recurren todos a la aplicación más absoluta del principio de autoridad. En pleno siglo XX ellos se presentan como los defensores típicos de la concepción autoritaria en sus formas más anticuadas y tradicionales: poder unipersonal, monarquía o dictadura de derecho divino, divinización del Estado considerado no como expresión de la nación sino como superior al conjunto de los individuos que la forman y como condición suprema y trascendente de toda vida social.

El Estado es todo, el individuo, nada; y ese Estado no es el Estado democrático que pretendía superar a los individuos en cuanto pretendía representarlos; ni siquiera se le puede comparar con la *Res publica* de la primitiva historia romana, rígida, aristocracia que veneraba a la vez las leyes y la libertad; es el Estado del Bajo Imperio que se concentraba en la persona de un autócrata, esclavo a su vez de la fuerza ciega de sus milicias, es el Estado de un Luis XIV, que se personificaba en el rey y tenía en las guerras su manifestación natural. En una palabra, el ideal fascista del Estado es el absolutismo dictatorial que los hombres creyeron definitivamente desaparecido del mapa en 1917 con la caída del Zar de todas las Rusias. Los hombres que creían eso se hacían, naturalmente, muchas ilusiones, ya que con la guerra habían vuelto lógicamente a asomar bajo los bonitos velos de la civilización los instintos y las leyes de la vida salvaje, instintos y leyes que glorifican la fuerza y admiran el fraude, que desprecian los sentimientos de justicia y de amor por considerarlos patrimonio exclusivo de los débiles que no tienen otra arma ni otro consuelo.

El fascismo, ejército permanente del capitalismo, aprovecha para sus fines esta mentalidad enfermiza, excitada, antisocial. No hay mejor esclavo que el que no reconoce en la vida otro valor que la fuerza material.

A pesar de querer darse, al menos en Italia, un barniz hegeliano, el fascismo es profundamente materialista, no en el sentido puramente filosófico de los sabios del siglo pasado, sino en cuanto tiene móviles, métodos y fines puramente materiales. Ya en 1925 Adriano Tilgher reconocía en el famoso «idealismo actual» de Gentile, que había sido adoptado por el Estado fascista como filosofía oficial, un materialismo disfrazado. En realidad no existe allí sino un conjunto de intereses de clase (económicos y extraeconómicos) que tienen necesidad de un disfraz idealista para oponerse doctrinariamente a las reivindicaciones obreras calificadas como movimientos sin alma, como movimientos que obedecen exclusivamente a las necesidades del estómago. Por eso en el campo del pensamiento el fascismo aprovecha la ambigüedad del sistema hegeliano; en el campo literario adapta a sus fines la divinización de la fuerza y el amoralismo deslumbrante y refinado que

D'Annunzio derivaba de Nietzsche transfigurándolo poéticamente; en el campo sentimental, contemporáneamente a esta mística de la violencia, el fascismo aprovecha, con una confusión que debería hacer estremecer de horror a los verdaderos católicos, la mística empalagosa de las procesiones, de los milagros, de las bendiciones.

La tradición

En fin, en el campo genéricamente cultural, trata de darse un barniz espiritual y elevado; y como la cultura es esencialmente libertad, antiabsolutismo, elige en ella justamente los valores negativos, los que representan siempre un obstáculo en el camino del espíritu humano: los mismos valores que en la historia han servido de pretexto a todas las reacciones; los valores de la tradición, del pasado, tomados no en su legítimo papel de impulsos, de elementos para la construcción del porvenir, sino como límites, como vallas opuestas a la marcha de los hombres hacia adelante. Nunca se ha hecho en Italia tanto derroche de la palabra «tradición». Nunca se ha hablado tanto a los niños de la divina herencia de Roma. Y nunca se ha falseado tanto la historia como ahora. La romanidad fascista consiste toda en hablar, hasta el cansancio, de la grandeza de Roma, de la disciplina de Roma, del Imperio Romano y de sus caminos en el mundo. Y los pequeños *balilla*[34] que ignoran todo de la vida se estremecen de orgullo cuando les dicen que ellos son los soldados de Roma, de aquella Roma de la cual Horacio dijo que era la cosa más grande que el sol hubiera visto nunca en su recorrido. Aquellos versos bimilenarios de Horacio siguen siendo en pleno siglo XX uno de los lugares comunes de la enseñanza fascista. Estas palabras huecas y sonoras, la coreografía pseudorromana de las manifestaciones, la revalorización de la religión en lo que tiene de más medieval, constituyen el contradictorio tradicionalismo fascista que es a la vez católico y pagano; esta amalgama superficial y elástica es lo que se llama en Italia «mística fascista» (en Milán hay hasta una escuela de mística fascista).

Si los italianos tuvieran ganas de reírse, podrían divertirse mucho oyendo repetir por todos los oradores y por muchos profesores una extraña historia que nadie toma en serio en Italia, pero que fuera de Italia ha sido creída a veces por algunos ingenuos partidarios de la dictadura. «La lucha de clases —repiten a diario los fascistas, que son los únicos que hablan en Italia— era una lucha de intereses materiales que embrutecía a las masas. Nosotros, todos unidos en el nombre de Mussolini, hemos superado con la disciplina las preocupaciones del interés individual

34 La Obra Nacional Balilla fue la organización juvenil del fascismo italiano desde 1926 a 1937.

y por lo tanto hemos podido restaurar los valores espirituales. Los trabajadores ya no luchan para conseguir aumentos de salarios, sino que contribuyen entusiastamente con su consciente esfuerzo y sacrificio a la grandeza de Italia, etcétera...».

Este es el tipo de prosa que se lee en todos los diarios italianos. Es de imaginarse con qué satisfacción lee eso un obrero que padece hambre y que no tiene el derecho ni de protestar ni de declararse en huelga mientras sus patrones tienen derecho —a través de la Magistratura del Trabajo, que accede siempre a sus pretensiones— de rebajarle el salario cuando quieren. Pero si los obreros no se dejan engañar, este lenguaje surte siempre cierto efecto especialmente entre los adolescentes que no oyeron nunca otras voces, que no han conocido otro mundo que ese.

El hitlerismo en Alemania tiene la misma mentalidad; el mismo nacionalismo inflamado; la gran Alemania en lugar de las águilas de Roma, el Imperio germánico en lugar del Imperio romano, Otón I o Federico Barbarroja en lugar de Augusto. Por algo el antiguo *kronprinz*[35] es hitlerista.

Hablando de estos rasgos típicos del fascismo, hay que hacer una distinción entre los que son esenciales, primitivos y que constituyeron la razón fundamental para que surgiera, y los rasgos adquiridos después, sea por la adopción

35 Alusión al Príncipe Heredero Guillermo de Prusia (1882-1951), fue el último heredero del Imperio alemán y del Reino de Prusia.

de las cualidades y de la mentalidad de las viejas clases reaccionarias que fueron enseguida sus aliadas, sea por adaptación a las necesidades de la lucha antiobrera y antiliberal.

El carácter básico y universal del fascismo es la reacción violenta, y en los comienzos ilegal, de la clase explotadora, contra las conquistas y las aspiraciones de las clases explotadas. El método consiste en la violencia material alegal que tiende a transformarse, a través del derecho del más fuerte, en absolutismo legal, en centralismo, en rígida jerarquía.

El mesías

Los otros son caracteres adquiridos en un segundo o en un tercer momento y que a veces llegaron a tener importancia fundamental y a modificar el curso primitivo del movimiento. Por ejemplo, en el fascismo italiano la persona de Mussolini ha llegado a ser el eje alrededor del cual gira todo el régimen. Lo mismo está pasando en Alemania con Hitler. Y este fenómeno se ha producido porque los capitalistas, encontrándose en el momento del peligro, en estrecha comunidad de intereses con la primordial corriente reaccionaria que desde las profundidades oscuras de la historia ha obstaculizado siempre la marcha de los hombres hacia el porvenir, vio su salvación en un retorno al absolutismo y, para llegar a eso, aprovechó ese inconsciente servilismo, esa fe en el hombre excepcional, ese mesianismo —en una palabra— que toda guerra o todo gran desastre de la historia siempre trae consigo. Antes del fascismo se había formado en Italia en ciertas zonas del espíritu popular, toda una mística absurda alrededor del nombre de Lenin.

Esa falta de personalidad en los individuos que componían las masas trabajadoras, esa tendencia a esperar que viniera la salvación desde arriba, el miedo a la iniciativa y a la responsabilidad (herencias todas estas, de una larga educación socialdemócrata) hicieron fracasar la revolución e hicieron posible el triunfo de la reacción y justamente de una reacción con rasgos mesiánicos que parecía, en pleno siglo XX, absolutamente anacrónica. Paralelamente se creó ahora en Alemania una leyenda mística alrededor del nombre de Hitler.

Otros rasgos contingentes del fascismo, que podrían cambiar si cambiaran las condiciones del ambiente, son su tradicionalismo, su tendencia a respetar, a defender y restaurar la monarquía y hasta su mismo nacionalismo; lo que no podrá cambiar nunca será su carácter autoritario y centralista, su aversión vigilante y armada hacia todas las reivindicaciones de la clase obrera, su horror al libre desarrollo del pensamiento que tendría, como última consecuencia, el derrumbe del principio de autoridad.

El nacionalismo

Puede parecer raro que haya clasificado el nacionalismo más entre los elementos de forma que entre los elementos de sustancia de la reacción fascista, mientras se le considera generalmente como uno de sus rasgos fundamentales y, bajo ciertos aspectos, lo es.

El nacionalismo, forma morbosa del patriotismo, era en principio una corriente aparte; pero ha sido incorporado muy pronto a los contingentes fascistas por ser, entre las fuerzas reaccionarias, la única que tenía alguna combatividad y la única también que podía dar a aquel movimiento brutal surgido en defensa de intereses materiales el contenido teórico y pseudoideal que necesitaba.

Pero en realidad el nacionalismo capitalista que tiene su manifestación natural en los distintos fascismos, está unido por mil lazos invisibles de interdepencia con el internacionalismo capitalista de los grandes *trusts*, y es ese capitalismo internacional el que fomenta y paga los distintos fascismos con carácter nacionalista, porque tiene necesidad de que los pueblos estén divididos, porque necesita las guerras, porque una larga experiencia le ha demostrado que cuanto más nacionalista es un pueblo, tanto menos piensa en luchar para mejorar su organización interna.

Y el nacionalismo es para el fascismo un factor de fuerza y es a la vez un factor de debilidad. Es un factor de fuerza ahora, porque constituye la única raíz que ha conseguido echar en el humus, completamente refractario para él, del alma popular.

Será pronto un factor de debilidad, porque la semilla del exclusivismo y del orgullo nacional que fructifica en el alma de las minorías fascistas puede acabar por lanzarlas unas contra otras, mientras la gran mayoría del pueblo es hostil al fascismo (y mucho más hostil donde el fascismo ha triunfado) y tendrá en ese momento la gran fuerza de la unión espiritual por encima de las fronteras.

Naturalmente, el nacionalismo se hace pasión (y lo estamos viendo ahora en Alemania) en la masa de los gregarios. El patriotismo de los jefes, repito, es relativo y depende de las exigencias del capitalismo internacional. He aquí, por ejemplo, lo que publicaba el 13 de mayo de 1932 un diario francés, *La Jeune République*, con relación a Hitler que, encontrándose aún lejos del poder, conservaba entonces toda su intransigencia de lenguaje. El artículo, firmado por M. F. Romerio, tiene por título: «Capitalismo y nacionalismo. Hitler prisionero del capitalismo internacional». Lo cito resumiendo algunas partes:

> Los magnates de la industria metalúrgica francesa y alemana, comprendiendo que sus intereses coincidían, dejaron de lado su nacionalismo para asegurar la defensa de sus intereses. Pero, para que no fracasara la empresa, era necesario «civilizar» a Hitler, convencerlo a estrechar relaciones con Francia. Cuando los industriales alemanes pidieron a Hitler que se

entrevistara con los representantes de Francia, esta propuesta suscitó un gran revuelo en el campo nacionalista. «¿Con Francia? Eso nunca. Con Roma y Londres mejor». Pero los delegados nacionalsocialistas fueron recibidos con frialdad en Italia y en Inglaterra; Hitler tuvo, pues, que ir a París, donde se entrevistó con Hoschiller, el delegado del Comité des Forges. Había que encontrar una base para el acuerdo. La encontraron en el deseo de luchar contra el bolchevismo. «Es necesario que la derecha alemana y la derecha francesa unidas destruyan el comunismo», declararon. Y Hitler llegó a ser el prisionero político de la asociación económica francoalemana. Negociaciones definitivas tuvieron lugar después entre el capitán Göring y Francois Poncet, embajador de Francia en Berlín. El acuerdo se basaba sobre los puntos siguientes: Alsacia y Lorena pertenecerían definitivamente a Francia, se respetaría el plan Young[36], no se modificaría por la violencia el tratado de Versalles. Así el problema hitleriano, que podía producir un conflicto francoalemán, fue solucionado por la alta metalurgia internacional. Hitler expuso él mismo sus proyectos en Dusseldorf frente a los magnates de la industria. Un representante del Comité des Forges asistía discretamente a la reunión. El informe de esta reunión fue recibido favorablemente por los industriales franceses en París.

36 El Plan Young, elaborado en 1929 por un comité presidido por el empresario y abogado estadounidense Owen D. Young, fue una renegociación del pago de las reparaciones de guerra que debía Alemania a los países que vencieron en la Primera Guerra Mundial (1914-1918). Entró en vigor en 1930, reemplazando al Plan Dawes de 1924. Se reducía el monto adeudado por Alemania, y suspendía el control de los países vencedores sobre la economía alemana.

Este artículo de la *Jeune République* no fue desmentido nunca. Poco después un periodista alemán acusaba a Hitler de haber recibido dinero francés por intermedio de una firma checoslovaca vinculada a los propietarios franceses de Creusot, para su campaña de excitación nacionalista. Hitler, obligado por sus partidarios, entabló un juicio por difamación, pero en el proceso no supo contestar a las cifras, a las fechas, a los nombres, más que con insultos vagos y violentos.

Esas cosas pasaban en 1932 y ahora no tienen sino una importancia episódica, ya que los acontecimientos han superado la pequeña diplomacia extraoficial de hace un año[37]. Pero nos demuestran que el nacionalismo es para los fascistas no un ideal, sino simplemente un instrumento de dominio.

---

37 Si debemos creerle a la revista *Monde* que dirige en París Henri Barbusse, esa diplomacia no estaría tan superada. En su número del 20 de enero de 1934 dicha revista afirma que, después de la ascensión del nazismo al poder, Francois Poncet, embajador de Francia y vinculado al Comité des Forges, ha llegado con Hitler, controlado a su vez por la industria pesada alemana, al siguiente acuerdo: 1) Relacionamiento entre las industrias francesas y alemanas de la potasa; 2) Alianza entre las industrias pesadas de los dos países; 3) Relacionamiento entre las industrias químicas francesas y alemanas; 4) Bélgica y Luxemburgo serían asociados a esta alianza económica; 5) La industria pesada francesa deberá participar por un tercio en el armamento del nuevo ejército alemán. Mientras tanto los diarios franceses, asustados por el rearme de Alemania, pedían enérgicas medidas de seguridad, destinadas a traducirse en una ventaja comercial para el Comité des Forges y la Schwereindustrie, hermanados por encima de las fronteras. *(Nota de la Autora)*

Pero hasta ahora hemos tratado de encontrar las líneas distintivas del fascismo mundial en el campo teórico. En el campo práctico todos los fascismos, hasta los que no se llaman aún con este nombre, se reconocen de inmediato por sus métodos, métodos que son una lógica consecuencia de sus orígenes y de sus objetivos. Decía el órgano de la corriente fascista en un país que vive todavía en régimen democrático: «Cuando se trata de defender el país, el orden y las instituciones (y en otras ocasiones también), la violencia es necesaria y conveniente[38]».

La violencia

Ahora bien: las instituciones que quieren defender ese periodo se llaman democráticas. La democracia se define en teoría (una teoría que queda muy lejos de la realidad de todos los días) como el régimen en que cada idea, cada programa que llegue a conquistarse la adhesión de la mayoría de la población, puede triunfar sin salir de los rieles de la ley. Por definición, nada es más antidemocrático que la violencia ilegal. El hecho de que el fascismo adopte en defensa de los privilegios de clase el arma de la violencia es bien típico. Es el tercer estado que destruye ahora —lo repito— lo que construyó en 1789; lo destruye para desarmar

---

38 *Bandera Argentina*, 3 de enero de 1933, Buenos Aires.

al cuarto estado que se está fortaleciendo y que aprovechaba para su marcha los mismos caminos abiertos por y para la burguesía en 1789.

Y no hay que quejarse por esto. Es bueno que se aclaren los malentendidos; es bueno que el pueblo se dé cuenta de que las armas legales no han sido hechas para él y de que el único camino que le queda para defenderse y para libertarse no pasa por los campos rígidamente cercados de la Constitución y del Estado.

Pero en su afán desesperado de sobrevivir al derrumbe del caparazón que ella misma se había creado, la clase dominante ha puesto la lucha sobre un terreno tan inhumano (y digo inhumano no sólo en el sentido moral y sentimental) que es necesario que las fuerzas renovadoras junten todas sus energías en un esfuerzo también desesperado, decisivo, para salvar no sólo a la clase que sufre, sino a toda la humanidad, a la vida misma en lo que tiene de más elevado y de más activo.

No tenía verdaderamente necesidad Mussolini de citar a Sorel para explicar las violencias cometidas por las escuadras negras en los primeros cuatro años de fascismo, como no tiene necesidad de mencionar a Maquiavelo para explicar su método de gobierno. La violencia, que tiene por origen la defensa de la propiedad, es y ha sido siempre la más peligrosa para la continuidad de la civilización humana. Se diferencia de la violencia revolucionaria en cuanto no es constructora, sino sólo destructora. Mientras las fuerzas nuevas que surgen destruyen sólo para reconstruir, las fuerzas reaccionarias destruyen por destruir, destruyen todo lo que significa fermento, creación, y aíslan en el desierto las construcciones tradicionales para preservarlas. Este desierto, en su lenguaje, se llama orden. Matan la vida en lo que constituye su esencia, que es el movimiento, la creación continua, el contraste. Por eso su violencia es tan antihumana y tan peligrosa desde el punto de vista general de la civilización. No voy a hacer aquí una historia de las violencias fascistas; todo el mundo lee los diarios, todo el mundo se estremeció no hace mucho leyendo la noticia de los asesinatos cometidos por los camisas pardas en Alemania: la cabeza de Einstein puesta a precio, Lessing muerto cuando ya se creía en seguridad, el hacha medieval del verdugo continuamente en acción, las hogueras de libros en las plazas, la inquisición triunfante en el país de Lutero, el antisemitismo, las torturas...

El fascismo alemán, que no conoce la diplomacia, ha sido una revelación para el mundo, que sólo ahora se da cuenta de que vuelven los bárbaros. Ya se empieza a hablar de una nueva Edad Media. Y sin embargo esas mismas cosas acontecían en Italia hace pocos años. En ese entonces el mundo no se fijó. El fascismo italiano supo hacerse su propaganda en el extranjero. Las cosas que de él se decían eran increíbles y el mundo no las creyó. Ahora sí las cree.

¿Una nueva Edad Media?

¿Es que verdaderamente la civilización se muere, agotada por las guerras, por el confort mecánico, por el hambre, por una cultura tan refinada que llega a alcanzar nuevamente los límites de la barbarie? ¿Estamos otra vez en la situación en que se encontraba el mundo romano cuando se derrumbó el Imperio? Pero los bárbaros de hoy no llevan sangre nueva en las venas como los antiguos hombres del Norte; no representan la juventud, sino la vejez de una sociedad; y las fuerzas de resistencia existen y son poderosas, aunque desorientadas y divididas. La cultura libre, o mejor dicho, la cultura a secas, ya que no existe cultura verdadera que no sea libre, si quiere defender sus derechos a una investigación desinteresada, si quiere salvar las condiciones de vida de la ciencia y del arte se encuentra automáticamente aliada a las fuerzas vírgenes del pueblo, contra las que se desencadena esta ráfaga violenta que hace llegar hasta nosotros los fermentos oscuros de un pasado ya olvidado.

Fenómeno de transición entre un mundo que muere y uno que nace, el fascismo es internacional, porque son internacionales las causas que lo generan. Nació en Italia porque en este país antes que en los otros las fuerzas obreras habían llegado a constituir un peligro serio para el viejo mundo que no se resignaba y no se resigna morir. Pero a medida que las mismas condiciones se presentaron en otros países, también en estos se empezaron a observar manifestaciones fascistas o prefascistas. Pero nada es fatal en la historia. Y serán justamente los países que sepan evitar o superar rápidamente esta fase del periodo de transición los que ejercerán una mayor influencia sobre la civilización de mañana.

El agravarse de la crisis interna del capitalismo, la que no era aún tan aguda en Italia cuando el fascismo surgió, ha contribuido poderosamente a crearle las condiciones favorables en los demás países, aun independientemente del grado de adelanto del movimiento obrero. Mussolini, algo inconscientemente en los comienzos, no hizo sino enseñar el camino. Son lecciones esas que se aprenden pronto. Los que no aprenden nada de la experiencia ajena son los que trabajan y no tienen tiempo ni gana de mirar alrededor suyo: por eso el fascismo los toma casi en todas partes por sorpresa.

Fascismo en el Uruguay

1971

Me he tenido que ocupar otras veces del tema que será objeto de mi artículo de hoy, pero hasta ahora siempre he tenido que presentar lo que para mí tenía el carácter de candente realidad vivida, encarándolo como un fenómeno histórico, como experiencia pasada y sedimentada, como algo acontecido en otro lugar y en otro tiempo.

Hoy es distinto. Por primera vez desde que crucé el océano me encuentro nuevamente, a propósito del fenómeno fascista, en un terreno que no es sólo el de la historia, sino también el del enfrentamiento concreto. La historia no se repite, pero a través de lo inédito y de lo irrepetible que pulula en ella, siempre se vislumbran algunas constantes, que son las que dan vigencia al uso continuado de ciertas palabras, como esta: fascismo.

Ahora bien: vivimos en un momento en que hay que cuidar mucho las palabras; cuidarlas y defenderlas en su significado real. La consigna antigua de los impacientes —hechos y no palabras—, si tiene su razón de ser contra el palabrerío sin contenido que alcanza su manifestación-límite en Cantinflas, se vuelve sumamente peligrosa si se la toma como norma de vida, pues se trata de una falsa oposición; también las palabras son hechos.

Y en estas horas de crisis[39] que no sabemos adónde nos puede llevar, torcer el sentido de una palabra o desmonetizarlo con su uso vago e indiscriminado puede tener insospechadas consecuencias. Hay un número creciente de vocablos de carácter, diríamos, estratégico, cuyo campo semántico se ha vuelto, paradójicamente, un campo de lucha. Esto siempre ha pasado en la historia, especialmente en terreno religioso (si en la Edad Media la cristiandad occidental llamaba paganos a los musulmanes —véase para citar un ejemplo entre mil, la *Chanson de Roland*—, eso no se debía seguramente a ignorancia de los escritores), pero ahora el uso político de las palabras, la consciente deformación estratégica de su significado se han sistematizado y forman parte de una guerra psicológica. Vamos hacia la creación de esa «neolengua» de que nos habla Orwell en su profética novela *Mil novecientos ochenta y cuatro*.

39 La autora alude al momento de extraordinaria represión alentada por el gobierno hacia movimientos izquierdistas. Véase la «Nota a la edición», p. 9.

La palabra «fascismo» es una de las más conflictuales en ese sentido. En los países como el nuestro, tradicionalmente impregnados de espíritu de libertad, «fascista» es un insulto. Las izquierdas lo empleaban como sinónimo de «conservador» o «retrógrado»; las derechas como sinónimo de prepotente, adversario de la democracia y partidario de la dictadura, sobrentendiendo que se trata de una prepotencia y de una dictadura que van contra los intereses políticos y económicos de la minoría privilegiada, actualmente en el poder, y aquí, conscientemente, se tuerce el significado histórico de la palabra, conservando sólo su apariencia y no su sustancia. El fascismo fue desde un principio prepotente, enemigo de la democracia y partidario de la dictadura, pero al servicio de los grupos sociales que dominaban y habían llegado a esa posición de privilegio a través de los resortes de la democracia jurídica instaurada por la Revolución francesa. Constituyó —en sí— un cambio táctico de la casta dominante. Pero no nos anticipemos.

Las izquierdas no modifican esencialmente el significado de la palabra, sino que lo diluyen, ampliándolo de tal forma que se vuelve sinónimo de todos los nombres que tradicionalmente se aplicaron a fenómenos de reacción conservadora o retroceso. Este hecho y otros similares de distorsión semántica dificultan mucho más de lo que generalmente se piensa la autoconciencia histórica hasta en los países más desarrollados y más cultos.

Todos los movimientos de estos últimos años se han visto afectados por esta enfermedad del lenguaje, y especialmente los movimientos juveniles, por la impaciencia natural de los jóvenes a toda rémora.

En este caso de la palabra «fascismo», definir su campo semántico es necesario, aquí, en este momento, pues asistimos en el país a brotes típicos del fenómeno político-social al que la palabra auténticamente corresponde, sin que haya una conciencia clara de su verdadera naturaleza, ni siquiera en muchos de sus protagonistas. Mientras en las tentativas intermitentes de resucitar los Camisas Negras o a las SS en Europa, lo primero que reaparece son el vocabulario y los símbolos de los movimientos que de 1943 a 1945 fueron derrotados en la guerra y, mucho más radicalmente, en la guerrilla, en el movimiento de la JUP[40] y en otras manifestaciones similares, la consigna es «defensa de la democracia» (que fascistas y nazis clásicos despreciaban), y el adjetivo «fascista» se emplea —acaso— para calificar a los adversarios. Pero si comunicados policiales y periodistas complacientes siguen designando como demócratas a estas recientes formaciones, sus integrantes se olvidan a veces de la consigna y dejan estampada la esvástica en el lugar de sus hazañas (caso del Liceo Rodó).

---

40 Juventud Uruguaya de Pie (JUP) fue un movimiento estudiantil fundado en 1970 de tendencia reaccionaria y ultraderechista. Se disolvió en 1974.

Además si consideramos cuán poco democrática es la democracia existente aquí y ahora, vemos que la ambigüedad no es seria. A través de su misma autodesignación recaemos, pues, en la otra definición, más general y verdadera de: defensa de lo existente, o, para emplear una expresión manida, defensa del orden constituido, que es la misión que las constituciones generalmente confían a la policía y —en casos excepcionales— a las fuerzas armadas. En este momento en que la democracia jurídica ha sido derrotada desde arriba, la defensa de lo existente por parte de formaciones no oficiales, que actúan paralelamente a la fuerza pública, difícilmente puede ser presentada como una ayuda a la causa democrática.

Es necesario, pues, que cada cual tome sus responsabilidades, y se dé cuenta cabal de los motivos profundos de lo que hace. A veces la historia sirve también para que cada uno de nosotros se entienda a sí mismo.

Y la historia del fascismo empieza a ser larga, pues se remonta a la Primera Guerra Mundial. Pero es una historia coherente. La cosa y la palabra nacieron en Italia. Yo asistí a su nacimiento.

Fascio quiere decir haz. En la península o —mejor dicho— en la isla de Sicilia en los primeros tiempos de la unidad, había sido adoptado ese nombre por movimientos de reivindicación obrera como símbolo de la unidad condición de fuerza; pero el término se usa también comúnmente (y como tal es bien conocido entre los estudiantes de la Enseñanza Secundaria, que fue uno de los caldos de cultivo del fascismo italiano) para designar el manojo de varas, del que sobresale un hacha, que en la antigua Roma llevaban al hombro los lictores consulares, símbolo de la pena capital que podía imponer el cónsul como comandante del ejército; era, pues, un símbolo de poder.

El doble significado en que fue tomada la palabra simboliza el doble aspecto que quiso y no pudo presentar el movimiento en sus comienzos. A pesar de sus intermitentes conatos demagógicos, sus actos hablaron por sí mismos desde los primeros tiempos. Cuando se fundó el Partido Fascista en 1919 no existía el Partido Comunista como tal, y el movimiento de los Camisas Negras fue declaradamente antisocialista y antidemocrático. La guerra había radicalizado las posiciones y agudizado las contradicciones de la sociedad contemporánea. Se vivía una situación prerrevolucionaria; las fuerzas que parecían destinadas a encauzar la crisis —el Partido Socialista, los sindicatos obreros (CGIL y USI), las ligas campesinas y las cooperativas— veían alimentar vertiginosamente sus contingentes, y había terratenientes e industriales que ya trataban de congraciarse con sus dirigentes. Cantos, mítines y huelgas llenaban el ámbito de la vida de relación. Recuerdo un camión de policías uniformados que pasaba cantando canciones revolucionarias entre el entusiasmo de la gente.

Pero el entusiasmo no se puede estirar y el miedo tampoco. No había preparación militar ni técnica (me refiero a la organización de la producción y de la distribución) para esa revolución siempre inminente y que no llegaba. La disciplina sindical, que llevó —por vacilación de los dirigentes— al abandono de las fábricas ya ocupadas por los obreros, fue, objetivamente un factor contrarrevolucionario. Y los que habían tenido un miedo cerval a la revolución, reaccionaron, y reaccionaron en terreno ilegal.

El gobierno, más o menos democrático en su estructura, no podía cerrar las cooperativas que, en algunas regiones, estaban eliminando el comercio privado, ni podía cerrar sindicatos o periódicos, ni prohibir mítines, pero vio con buenos ojos que se organizaran bandas armadas, a las que latifundistas y tiburones de la mastodóntica industria posbélica se encargaban de equipar y financiar, y que quemaban cooperativas, destruían sedes sindicales, empastelaban imprentas, se concentraban ya en una aldea ya en otra para sembrar el terror entre obreros y campesinos organizados. Con muy pocas excepciones, la fuerza pública apoyaba más o menos abiertamente las incursiones fascistas, desarmando de antemano con allanamientos a los que hubieran podido resistir, poniendo a disposición de «los muchachos» armas y medios de transporte.

Después de la Marcha sobre Roma, una gran parte de los contingentes de las bandas armadas, irregulares, de Camisas Negras, fue regimentada en las Milicias Voluntarias para la Seguridad Nacional, y el terror se oficializó abiertamente, pasando de la calle a las cárceles, a las islas de deportación, al pelotón de fusilamiento. Pero en cada uno de los momentos convulsivos de la historia fascista (atentados contra Mussolini, crisis en las relaciones internacionales del régimen, República de Saló y guerrilla antifascista durante la guerra), a las persecuciones policiales siempre se volvió a sumar el terror desencadenado en la calle, acompañado por destrucciones indiscriminadas y gritos y cantos de amenaza. Ningún organismo legal ha admitido nunca que se recurriera a él, contra esta violencia calculadamente desatada. Y esta combinación del uso de una fuerza policial altamente equipada y adiestrada en el empleo de todos los medios, con el de la violencia callejera aparentemente espontánea, constituye la fisonomía de los regímenes fascistas una vez que han llegado al poder.

En estas condiciones, las armas ideológicas que el fascismo sucesivamente esgrimió no engañaron a nadie, ni tienen mucha importancia. Los cambios en este terreno, por otra parte, fueron tantos y tan rápidos, que pusieron de manifiesto la naturaleza meramente pragmática de los distintos programas que sólo algunos intelectuales, especialmente extranjeros, tomaban en cuenta. Se trataba evidentemente (ha sido dicho) de una fuerza en busca de una ideología, que vistiera de alguna manera el hecho brutal de la toma del poder. «Hay hechos que expresan en sí mismos algunas ideas», decía Gioacchino Volpe, que escribió una historia temprana del régimen. La ideología de los fascistas hay que buscarla, pues, en sus hechos. La voluntad de poder de un hombre y de los cuadros de un partido organizado con ese único objeto, se presentó como el instrumento ideal de la contrarrevolución: una contrarrevolución que llenó el vacío de la revolución frustrada.

¿Por qué pudo imponerse? ¿Por qué se impuso Hitler en Alemania nueve años más tarde? Se ha dicho hasta el cansancio que la victoria del fascismo ha sido la consecuencia de los errores de sus adversarios: los demócratas y los socialistas. La historia no enseña casi nada pero puede que valga la pena recordar escuetamente, en el ámbito italiano, algunos de esos errores:

1) El régimen demoplutocrático que detentaba el poder desde la unidad nacional de Italia (unos cincuenta años) creyó poder utilizar al fascismo contra la marea socialista en ascenso, pensando deshacerse de él cuando ya no lo necesitara, y se equivocó.

2) Las izquierdas socialistas de distinto tipo se dejaron derrotar de a una, secretamente disfrutando de las desgracias que les tocaban a sus rivales en la captación de los favores de las masas. Se defendía la libertad en sentido único; nunca la de los demás.

3) Se hablaba demasiado de revolución sin dedicarse al necesario trabajo preparatorio, sea en el terreno material de la fuerza armada, sea en el terreno de la técnica productiva y organizativa. Las cooperativas, especialmente las de consumo, estaban preparadas para desempeñar

su función, pero los sindicatos no; y la defensa de unas y otros no se había organizado.

4) La falta de efectividad en los momentos decisivos estuvo acompañada por un desmenuzamiento de la acción en distintos aspectos de la vida diaria, a través de una seguidilla de huelgas por motivos no fundamentales, que desarticulaban la vida económica y cansaban a los obreros mismos, y de una vacilación continua entre la actividad revolucionaria en las fábricas y en la calle y la lucha parlamentaria. *Contrarrevolución preventiva*[41] fue definido el fenómeno ya en 1921, es decir, antes de que llegara al poder y cuando todavía se daba ínfulas de movimiento revolucionario y, por momentos, republicano y socializante.

Y bien: a través de los cambios que el régimen fascista italiano sufrió durante sus veinte años de vida, hasta el sometimiento a los alemanes y la República de Saló, y a través de todas sus sucesivas encarnaciones en otros países, esta definición afortunada sigue vigente y perfectamente ajustada.

No se trata sólo —entendámonos— de la defensa del beneficio capitalista, aunque al principio pareció esencialmente eso, y los capitalistas lo creyeron también y por eso adoptaron el movimiento y lo subdividieron. En Alemania Fritz Thyssen, un gran industrial, descubrió que se había equivocado y escribió un libro para proclamar su equivocación.

---

41 Véase la nota 9 en la página 37.

Lo que pasa es que el enfoque puramente económico del problema acaba por falsearlo. El fascismo fue y vuelve a ser hoy un instrumento de defensa de la clase dirigente amenazada en su posición dominante, independientemente de la estructura económica de la sociedad. Surgió en momentos de crisis del sistema capitalista y, hecho gobierno, siguió desarrollando una política clasista antiobrera. Pero la crisis del capitalismo no estaba ligada al descontento posbélico y a las huelgas masivas y repetidas, sino más bien a los progresos técnicos que incidían en el particular equilibrio entre producción y consumo que el sistema exigía para que se mantuvieran los precios. Esto se vio en escala mundial en 1923-29. Por eso el aplastamiento de los sindicatos no evitó el progresivo deterioro de la economía capitalista en Italia.

Fue entonces cuando el régimen se preparó para cambios de estructura, tratando de transferir al Estado el control de los principales resortes económicos, de acuerdo con las categorías empresariales ligadas a él, que constituían la mayoría del capitalismo italiano y que estaban dispuestas a transformarse en la burocracia de gestión del Estado totalitario que se estaba formando.

Se dijo entonces que el fascismo era, para el capitalismo, un instrumento de eutanasia. El nazismo alemán nació con esta perspectiva. Ahora, ese vuelco del fascismo, que en aquel trance pareció definitivo, algo así como el principio de una nueva historia (y como tal lo presentó

Mussolini, forjando la nueva afortunada palabra: «totalitarismo»), queda hoy en nuestra memoria como un largo episodio. De la Segunda Guerra Mundial han nacido el neocapitalismo y nuevos y poderosos medios, no sólo de producir, sino también y especialmente de organizar y dominar a través de un predominante sector terciario, producción y distribución, y con ello han surgido nuevas formas de enajenación del trabajador frente a su trabajo. El totalitarismo sería hoy mucho más «total» (y que Mussolini me perdone la audacia lingüística). Pero la tendencia que el régimen fascista demostró —a partir de 1927 ó 1928— hacia el capitalismo de Estado y, en general, la disposición del capitalismo en peligro a burocratizarse renunciando a la propiedad para conservar los resortes del poder, demuestra, creo, el carácter más político que económico del fenómeno fascista.

Tanto en su turbulento periodo inicial, como en su acción posterior desde el gobierno, en que legalizó la ilegalidad destruyendo aun las más inocuas articulaciones democráticas tradicionales, el fascismo fue la expresión de la voluntad de poder de la casta que lo había detentado desde la Revolución Francesa y se sentía en peligro de perderlo. Fue un movimiento contrarrevolucionario, esencialmente en defensa del principio de autoridad: autoridad del patrón en las fábricas y en el campo, del ocupante de cada peldaño de la jerarquía administrativa sobre los colocados en los peldaños inferiores, del *podestà* (así se llamaba) nombrado por el ejecutivo sobre el ayuntamiento, del Estado sobre toda la sociedad: «Obedecer, creer, combatir» era el lema. El título de la revista teórica oficial: *Jerarquía*. Una vieja clase media anquilosada, aferrada a su prestigio social, calzaba el pie sobre las cabezas obreras que se habían levantado, al despertar de la pesadilla de la guerra, reclamando su derecho a pensar. Todos los valores tradicionales de esa misma clase media que le dio al fascismo sus contingentes de milicianos —patria, familia, religión, orden, honor y arrojo militar— vetearon de venerabilidad el bagaje teórico del fascismo, que se había nutrido en sus primeros tiempos de Sorel —del que derivaba su justificación del uso de la violencia y de los mitos en la lucha—, de Maquiavelo, un tanto abaratado, al que se hacía remontar el principio no muy original de que el fin patriótico justifica los medios, de Nietzsche, un Nietzsche pasado por el filtro dannunziano, y usado un poco como Maquiavelo, para presentar el pretendido «fin nacional» y la voluntad de poder del grupo dominante y de su jefe, encarnación del superhombre, como entes más allá del bien y del mal. Más adelante, gracias a Gentile, el Estado ético de Hegel y el «historicismo» de su afirmación «todo lo real es racional», sirvieron para el mismo fin. Se alternaron tentativas por racionalizar lo irracional con otras por exaltarlo en sus manifestaciones primitivas relacionadas con los instintos agresivos.

A pesar de los esfuerzos de Gentile, el fascismo nunca tuvo una filosofía que rebasara la defensa del principio de autoridad, de una autoridad basada no en el consentimiento, sino en la fuerza. Naturalmente tal defensa es conveniente para los que ya tienen los resortes del poder efectivo en las manos. La agresiva hostilidad contra el socialismo hizo que los grandes propietarios y empresarios vieran en las escuadras fascistas algo así como su propio ejército; la posición activamente antidemocrática de esas mismas tropas de choque les convenía a esos propietarios y empresarios, porque se veía claro que los resortes de la democracia tradicional que habían favorecido los progresos iniciales del capitalismo, ya no estaban en condiciones de mantenerlo en su situación de privilegio, ahora que sus mismas contradicciones ponían en peligro su existencia.

El pánico que sacudió la economía mundial en 1929 intensificó en toda Europa el miedo al derrumbe, que había sido originado por la guerra y la Revolución rusa: ese mismo derrumbe, que los desposeídos aguardaban con mística esperanza. El fascismo italiano fue la primera manifestación de ese miedo, el nazismo la segunda, ya posterior a la crisis del 29. De ahí la bandera anticapitalista de este último, atenuada por el antisemitismo, que tendía a transformar una ambigua actitud contra una estructura y en favor de la casta que detentaba sus engranajes, en un antagonismo racial, mucho más fácil de despertar en las masas y mucho más fácil de entender, además.

El nacionalismo, el antisemitismo, el mito de la sangre, el espiritualismo contrapuesto al que se calificaba de «grosero materialismo socialista», todos eslóganes tan abundantemente empleados con fines de captación, no pertenecen a la esencia del fascismo, que es un fenómeno no nacional sino clasista y, por lo tanto, de alcances y envergadura internacionales. Esto explica el aliento y la ayuda que recibió el fascismo italiano, en cuanto llegó al poder, de todas las fuerzas mundiales tradicionales (gobiernos y clases privilegiadas) que pugnaban por mantener el control de una realidad incandescente y fluida. Todos los «poderes constituidos», aun los más recientes, miraron con simpatía a quienes humillaban la nueva dignidad que estaba adquiriendo la base social, a quienes cerraban el paso a las masas de los siervos que querían dejar de ser siervos y de ser masas, a quienes quemaban libros y suprimían diarios y cerraban, junto con los sindicatos y las cooperativas, ateneos populares y bibliotecas nocturnas. El fascismo era un despertar activo y combativo de la «gente bien» contra la «chusma». Yo oí esas palabras —aunque no en español— en 1919, y 1920 y 1921. El prestigio de la «gente bien» y su posibilidad de seguir dirigiendo la sociedad, era más importante que mantener el nivel de los precios, aunque hasta 1926-27 las dos finalidades se confundían. Esa fase posterior a la crisis financiera mundial pudo llamarse anticapitalista, sin que se alteraran los términos del problema ni hubiera importantes desplazamientos en la alineación de las fuerzas en conflicto. Fue la misma «gente bien» que entregó Francia a Hitler. El Comité des Forges compartía el lema: «Mejor Hitler que Léon Blum», y las Croix-de-Feu[42] se pusieron al servicio del nazismo, dejando caer el oropel nacionalista como hicieron todos los partidos fascistas europeos, inclusive el italiano, que lo hizo desde posiciones de poder.

Nunca se dio más clamoroso desmentido a una ideología tan clamorosamente ostentada como era la valorización de lo nacional en los programas fascistas. Y verdaderamente no se comprende cómo puedan prender nuevamente, en los minúsculos movimientos neofascistas europeos, las mismas consignas de grandeza de la patria, imperio, sagradas fronteras, etc., cuando esas mismas consignas han sido tan naturalmente abandonadas por las fuerzas históricas derrotadas en 1945 y a las que ahora esos movimientos idealizan y pretenden continuar.

En América Latina, ahora, la consigna sufre alguna variante y es mucho más endeble: defensa de la democracia y de los valores tradicionales contra las ideas foráneas. Ante todo es un absurdo querer desterrar las ideas foráneas de un país en el cual toda la población es de origen foráneo, y la cultura de la clase dominante es aún en sus tres cuartas partes francesa. Sin contar que las ideas valen por sí mismas —como todos sabemos— y no por su proce-

42 Organización paramilitar derechista activa en Francia desde 1927 y hasta 1936, cuando fue prohibida por el gobierno del Frente Popular encabezado por Léon Blum. Se estima que llegó a contar con casi un millón de miembros.

dencia. Y sin contar, además, que las ideas incriminadas, o la parte de ellas que más miedo infunde, tampoco son foráneas, sino que pertenecen a la más auténtica tradición uruguaya a partir de Artigas y constituyen la originalidad y —en cierta forma— la razón de ser del Uruguay como tal frente a sus poderosos vecinos. Pero mucho más absurdo es que esas consignas de las fuerzas que se están organizando al amparo del mundo oficial y en su defensa, hablen de democracia justo ahora cuando esa misma democracia formal y jurídica, de la que se declaran paladines, acaba de ser ruidosamente derrotada por el gobierno al que apoyan y que los apoya.

No, esas formaciones armadas que ametrallan la casa de nuestro rector y no van presas, son, empiezan a ser, la milicia que, llegando a usar medios que la fuerza pública aún no quiere ni puede usar sistemáticamente, va a velar para que «todo quede como está»: el latifundio que permite que haya una refinada colonia uruguaya en París, la burocracia donde se ubica, gracias a parentescos o promesas de apoyo político, una multitud de desempleados de cuello blanco en potencia, las grandes empresas nacionales y extranjeras que dominan el reducido campo de la industria local y para las cuales los cantegriles[43], una vez desaparecido el control sindical, pueden ser fuente de mano de obra barata, el mastodóntico mecanismo político asistencial de los grandes

43 Nombre que recibe en Uruguay las viviendas de tipo chabolista.

partidos tradicionales, etc. Sobre esa armazón está basada toda una mentalidad tradicional sumamente perezosa y temerosa de cambios, que puede volverse feroz en la defensa de su tibia modorra, esa modorra que ha sofocado tácitamente hasta los más conservadores intentos desarrollistas.

En esa modorra se basan muchas y activas ambiciones personales, que no son inmediatamente peligrosas cuando persiguen sólo una mejora en el nivel social y económico individual, aprovechando la conquista de posiciones políticas ocasionales, pero que se vuelven peligrosísimas en este momento si se identifican con el ansia de poder. Pues esos brotes fascistoides pueden proporcionarles la milicia necesaria para llegar a él por un camino rápido y directo o mantenerse en él sin el apoyo de ninguna mayoría relativa.

Entendámonos: yo no digo que todos los miembros de la JUP, por dar un ejemplo, sean conscientemente fascistas, es decir, quieran poner su brazo al servicio de la clase dominante y del gobierno para defender una posición de privilegio económico y político de su familia o de su grupo social o de la gente a que admira. El fenómeno es mucho más complejo en su forma de presentarse, aunque es bastante sencillo en su esencia. Para algunos adolescentes puede ser simplemente una etapa de clarificación.

Estamos en una fase del proceso de cambio en que discurrir tiene aún su importancia. La defensa contra la enfermedad social de que nos estamos ocupando no es sólo material, no es sólo física; es también moral. Debemos defender en nosotros mismos los valores atacados, debemos crear y mantener un clima de libertad (y la libertad es tolerancia) frente a las ideas, por equivocadas y confusas que nos parezcan, sin perder firmeza —y recalco esto— en las necesarias respuestas en el terreno de los hechos y en el esfuerzo de creación de una nueva realidad.

Para que el «No pasarán» de los carteles no sea un inútil alarde, es necesario que no se pierda en nosotros y alrededor de nosotros ese espíritu de libertad que es una característica tradicional del Uruguay, que nos ha hecho buscar este país en el periodo de las victorias fascistas, que ha eliminado hasta ahora con un proceso natural, casi biológico, las tentativas totalitarias y está resistiendo valientemente contra la dictadura pseudodemocrática que padecemos. Es necesario que no nos dejemos arrastrar al terreno propio de las fuerzas patológicas e irracionales a las que queremos combatir, caracterizadas por el desprecio a la persona humana y a sus derechos. La libertad es un fin, pero es también un medio, es un arma. Cada vez que un pueblo la ha abandonado, ha sido vencido en todos los terrenos porque, a breve o largo plazo, con la libertad se pierde también la justicia. Separar los dos términos es un error grave, que se paga muy caro, que se ha pagado ya muy caro. También el fascismo, en un determinado momento, habló de justicia social y la prometió como una creación del régimen, pero nunca ha hablado de libertad más que para calificarla de «cadáver putrefacto». Y cuando

Millán-Astray proclamó «Muera la inteligencia», lanzaba el grito más típico del fascismo español. Las llamadas realizaciones del régimen en el terreno de la asistencia social o de la técnica productiva, o de la urbanística (que las hay, como las hubo en la Italia de Mussolini y en la Alemania de Hitler) son manifestaciones de paternalismo que, para un régimen absoluto, han llegado a ser una necesidad, pero no desplazan ni un ápice la tragedia de la alienación que las masas productoras padecen al no ser dueñas de su propio trabajo. Esa enajenación es la condición del poder (del empresario privado o del Estado hecho capitalista). Es ese poder que está vacilando y se defiende con el fascismo, tratando de detener las clases sociales en ascenso, tratando de cortarles el acceso, no sólo a la posesión de los medios de producción y a la gestión de la producción misma, sino a las fuentes de la cultura necesaria para esa gestión. La larga agonía de la enseñanza media durante el año pasado y las dificultades con que tropieza ahora en su recuperación tienen este significado profundo. Y la sangre derramada en estos días también tiene este significado profundo.